LIBERTY
PUBLISHING HOUSE

Гавриил Попов

# ВОЙНА И ПРАВДА
# ЦЕНА ПОБЕДЫ

LIBERTY
PUBLISHING HOUSE
NEW YORK

Gavriil Popov
Voina I Pravda: Tzena Pobedy
War and Truth: The Price of Victory

Ilya Levkov — Publisher
Liberty Publishing House, Inc.
475 Fifth Avenue, Suite 511
New York, NY 10017-7274
Tel: (212) 679-4620
Fax: (212) 447-7558
www.Liberty-Publishing.com
Publisher@Liberty-Publishing.com

All rights reserved including rights of reproductions. No part of this book may be used or reproduced in any manner without written permission of the Author, except in the case of brief quotations embodied in critical articles and reviews.

Copyright © 2005 by G. Popov

Book Design: Asya R. Kunik
Cover Design: Dimitri Koukarkin

ISBN 1-932686-06-1
Printed in the United States of America

Library of Congress Control Number: 2005925068

Посвящается моим родным – участникам Великой Отечественной Войны

**Николаев
Михаил Юрьевич
1914 - 1981**

**Попов
Пётр Гавриилович
1924 - погиб в 1942**

**Попов
Иван Гавриилович
1905 - 1965**

**Попов
Николай Гавриилович
1917 - погиб в 1941**

# ОГЛАВЛЕНИЕ

## Часть I
## ПРАВДУ, ТОЛЬКО ПРАВДУ, ВСЮ ПРАВДУ

1. ПРАВДА О ДОБЫЧЕ СОВЕТСКОЙ НОМЕНКЛАТУРЫ .......... 11
1.1. Пора перестать бездумно бить поклоны .... 11
1.2. Правда о «добыче» советской номенклатуры 14
1.3. 160 шкурок норки и 323 соболиных, обезьяних, лисьих, котиковых и каракулевых шкур ............... 17
1.4. Известные своими чистыми руками чекисты 20
1.5. О чем думал Сталин? ............... 22
1.6. Почему? ............... 25

2. ПРАВДА О РЕПАРАЦИЯХ ............... 28
2.1. От табака до станков ............... 28
2.2. О культуре ............... 31
2.3. Самое главное ............... 34
2.4. Почему это стало возможным? ........ 38
2.5. О роли репараций ............... 41

3. ПРАВДА О СОЮЗНИКАХ ............... 42
3.1. Английские танки на Красной площади .... 42
3.2. Почему немцы отказались от плана Курской битвы ............... 46
3.3. Почему Япония не ударила нам в спину .... 50
3.4. О втором фронте ............... 50

4. ПРАВДА О ПРЕДАТЕЛЯХ . . . . . . . . . . 56
4.1. Вглядываясь в темноту . . . . . . . . . . 56
4.2. Степан Бандера и его ОУН . . . . . . . 59
4.3. Другие националисты . . . . . . . . . . 62
4.4. Андрей Власов . . . . . . . . . . . . . . . 64
4.5. Другие русские . . . . . . . . . . . . . . 69
4.6. Были ли Ленин или сотрудники . . . . . . .
   радио «Свободы» предателями? . . . . . 72

# Часть II
# КАК СТАЛИН
# ПРИВАТИЗИРОВАЛ ПОБЕДУ НАРОДА

5. «ГОЛОВУ ВОПРОСЫ МНЕ СВЕРЛЯТ...» . . . . 77
5.1. Архипелаг Великой Отечественной
   все еще полон белых пятен . . . . . . . . 77
5.2. Берлинская операция . . . . . . . . . . 80
5.3. Нарастающий вал вопросов . . . . . . . 83

6. УРОКИ ОТЕЧЕСТВЕННОЦ ВОЙНЫ 1812 ГОДА   86
6.1. Народ . . . . . . . . . . . . . . . . . . . 86
6.2. Кутузов . . . . . . . . . . . . . . . . . . 89
6.3. Следуя логике Толстого . . . . . . . . . 91

7. ПЕРВАЯ ВОЙНА СТАЛИНА: ПОРАЖЕНИЕ   94
7.1. Сильнейшая в мире армия . . . . . . . . 94
7.2. Разгром за десять дней . . . . . . . . . . 98
7.3. В поисках крайнего . . . . . . . . . . . 100
7.4. Главные причины поражения . . . . . . 103
7.5. Отвергнутое предложение о капитуляции 107
7.6. Звездный час Сталина . . . . . . . . . . 110

**8. ВТОРАЯ ВОЙНА СТАЛИНА: ОТЕЧЕСТВЕННАЯ** .... 114
8.1. «Час мужества пробил на наших часах, и мужество нас не покинет» ......... 114
8.2. «Мы знаем, что ныне лежит на весах и что совершается ныне...» .......... 117
8.3. «...На наших глазах умирают товарищи, по-русски рубаху рванув на груди» ..... 121
8.4. Выстоять—отбросить—победить ....... 122
8.5. «Звучало имя человека со словом Родина в ряду...» ................. 124
8.6. Лицемерие Сталина ................. 125

**9. ТРЕТЬЯ ВОЙНА СТАЛИНА: ЭКСПАНСИЯ СОЦИАЛИЗМА** ........ 128
9.1. Варианты ......................... 129
9.2. Выбор ........................... 130
9.3. Упущенный шанс Сталина ............ 133
9.4. Национал-большевистская модель мирового социализма ................. 138
9.5. Дымовая завеса ................... 139
9.6. Цена сталинского выбора ............ 141
9.7. Упущенный шанс человечества ....... 144

**10. ТАК ЧТО ЖЕ НАМ ПРАЗДНОВАТЬ?** .... 146
10.1 От чего отказаться? ............... 146
10.2. Что надо утвердить? ............... 148
10.3. Зачем нужна правда ............... 150
10.4. Мемориал народной Победы ........ 153
10.5. Памятник Сталину ................. 156
10.6. «...Ни за что на свете я не хотел бы иметь другую историю, кроме истории наших предков...» ................... 158

Об авторе ............................. 162
Biographical Reference .................. 170

# Часть I

# ПРАВДУ, ТОЛЬКО ПРАВДУ, ВСЮ ПРАВДУ

*...Если человек, пожелавший увидеть истинную картину грандиозных событий... сочтет написанное мной полезным, я буду удовлетворен.*

Фукидид. История [Пелопоннесской войны].

## 1. ПРАВДА О ДОБЫЧЕ СОВЕТСКОЙ НОМЕНКЛАТУРЫ

### 1.1. ПОРА ПЕРЕСТАТЬ БЕЗДУМНО БИТЬ ПОКЛОНЫ

Хорошо известны слова песни: «Поклонимся великим тем годам... и маршалам страны и рядовым... поклонимся и мертвым, и живым».

Но я прошел не один военный университет.

В первом — сталинском — все было просто. «Лютый враг напал», но мы победили.

Но уже тогда я столкнулся с тем, что официально говорят одно, а окружающие меня люди — другое.

Во второй военный университет меня устроил учиться Н. С. Хрущев. Это он, разоблачая культ личности Сталина, сам рассказал много новых версий относительно прошлой войны. Теперь у меня было *две официальные версии*: времен Сталина и времен Хрущева.

Но пришло время моего третьего военного университета — имени Л. И. Брежнева. В нем «чистили» уже хрущевские картины и активно рисовали новые. Нормального участника войны, тонувшего со своим десантом кораблей в Черном море, шагавшего на параде Победы, Леонида Ильича, превращали чуть ли не в главного бойца с гитлеровской армией. Это уже была третья официальная история.

Три — для нормального человека — это уже много. Пора было начать самому анализировать и самому думать. Не бить поклоны, особенно маршалам, как призывают нас в песне, а искать правду.

К счастью для меня, мне помогли. Писатели: А. Адамович, В. Астафьев, Г. Бакланов, В. Быков, Б. Васильев, К. Симонов, В. Некрасов, А. Твардовский, М. Шолохов и многие другие. Мне помогли газеты и журналы, которые в годы горбачевской перестройки стали публиковать много правдивых материалов. Мне помогли режиссеры и их фильмы. Помогли наши историки, опубликовавшие серьезные, грамотные исследования. Помог поток переводимых или просто ставших доступными публикаций за рубежом.

Начался для меня еще один четвертый военный университет, в котором я уже искал правду, только правду, всю правду.

К сожалению, этот университет правды мне закончить не дают. Меня нынешняя власть тянет в свой университет. В нем, как и раньше, главное не война и ее уроки, а изрядно обветшавшие попытки использовать войну в пропаганде. Мне начинают снова навязывать пропагандистские штампы. При этом порой гораздо менее профессиональные, чем в сталинские времена. Так, в недавней инсценировке битвы под Москвой я увидел на экране телевизора среди немецких танков «Тигры». Меня сама власть годами уверяла, что «Тигры» появились на Курской дуге. Об этом не могут не знать и авторы сценария, и постановщики, и наблюдающие его руководители, и ветераны. И если они все терпят эту лапшу на ушах — значит, дело плохо. Значит, они хотят эту лапшу навязать мне. Любой ценой.

Похоже, начинается мой пятый военный университет: университет реставрации старой лжи и созданных политтехнологами (так теперь называют штатных платных фальсификаторов) новых версий.

Я понимаю, что все это не случайно. Оказавшись почти что у разбитого корыта в Чечне и Беслане, в обещаниях увеличить ВВП и прочих начинаниях, подменяя развитие трехсекторного постиндустриализма заботой об «интересах государства», не имея за душой ничего такого, что могло бы вдохновить всех нас, наши лидеры однопартийного разлива собираются ухватиться за шинель Сталина и даже влезть в его сапоги. Сталин был очень невысоким человеком, но его сапоги окажутся чересчур велики для нынешних лидеров и, думаю, они утонут в них с головой.

Я понимаю, что новый университет предназначен не мне и не моему поколению. Он, судя по всему, адресован моим детям и внукам. Их снова хотят воспитывать — как все прошедшие десятилетия — не на правде, а на препарированной истории. Во имя чего? Во имя великой России? Да ведь СССР рухнул, в том числе и из-за моря лжи в его фундаменте. На лжи не вырастить тех сознательных и ответственных граждан, без которых невозможна великая страна, великая Россия XXI века.

Несколько лет назад — в 2001 году — бюрократические барабаны уже загрохотали, пытаясь привлечь внимание к 60-летию битвы под Москвой. На крови почти 1,3 миллиона погибших кое-кто хотел погреть руки — для этого они скромно умолчали о том, что немцы потеряли в этой битве всего 280 тысяч человек, то есть в соотношении 1:5. Я понял: раз умалчивают, значит, готовят нас к тому, что они и дальше намерены нами руководить, расходуя пять жизней там, где противники тратят одну.

Тогда, в 2001 году, с помощью газеты «Московский комсомолец» я опубликовал серию статей о битве под Москвой под заголовком «Правду, только правду, всю правду».

У меня сложилось твердое убеждение, что и теперь, в преддверии шестидесятилетия Дня Победы надо рассказать уже известное мне обо всей Отечественной войне. Бездумно кланяться «великим тем годам» я больше не хочу, точнее, не могу. Накланялся.

Я не историк. Поэтому я буду оперировать только тем, что уже имеется в нашей исторической науке и в публикациях.

### 1. 2. ПРАВДА О «ДОБЫЧЕ» СОВЕТСКОЙ НОМЕНКЛАТУРЫ

*По дороге на Берлин вьется серый пух перин.*

А. Твардовский

Среди официальной «добычи» в Германии в сводке Главного трофейного управления Красной Армии упомянуты 60 тысяч роялей, 460 тысяч радиоприемников,

190 тысяч ковров, 940 тысяч предметов мебели, 265 тысяч настенных и настольных часов, а также 186 вагонов отборного вина.

Из всего этого добра оборудовались повсеместно создававшиеся в СССР Дома офицеров, клубы, военные санатории и т. д. Но первыми «потребителями» были кабинеты и комнаты отдыха для высших партийных и государственных чинов, а также государственные дачи для них же.

В состав «добычи» входило еще и многое, что вообще не попадало в сводки трофейного управления, так как прямо от немецких владельцев переходило в руки владельцев советских — и за плату, и бесплатно.

Пока военные действия шли на территории Польши, Венгрии, Австрии и т. д., в Красной Армии старались бороться с мародерством и грабежами. Только офицеров было осуждено за первые три месяца 1945 года более 4 тысяч.

А вот после вступления армии в Германию власти закрыли глаза на захват немецкого имущества. И только 9 июня 1945 года, спустя месяц после победы, Сталин издал документ, упорядочивающий «добычу».

Солдат ограничили тем, что они могут унести: ручной кладью и посылками. Как у Высоцкого:

  Трофейная Япония,
  Трофейная Германия,
  Пришла страна Лимония,
  Сплошная Чемодания.

В детстве, в 1945 году на Дону, слышал я такую историю. Бедная семья — жена и несколько детей — получили от отца из Германии посылку, полную... кусков прекрасного туалетного мыла в красивой упаковке. Жизнь была тяжелая, мыло было роскошью — рады. Но есть-то надо — и женщина отнесла большую часть мыла на рынок, продала и купила картошки. Вернувшись домой, она обнаружила, что два малыша решили кусок мыла поделить и разрезали его. В мыле оказалось золотое кольцо. Женщина разрезала второй кусок — опять кольцо. В третьем — тоже. Она бросилась на рынок. Большинства покупателей уже не было. Один безногий базарный барыга посоветовал: «Мотай отсюда, баба, и молчи, а то твой окажется вместо Германии в Сибири»...

Но не только кофточки были солдатской добычей. Ею стали немецкие женщины и девушки. Наши солдаты насиловали во всех странах — даже гражданок СССР, насильно угнанных в Германию и освободившихся из лагерей. Но настоящая вакханалия началась именно в Германии. Только в Берлине, после его штурма, к врачам по поводу изнасилования обратилось до 100 тысяч немок. А сколько не обращалось?

Четверо русских солдат загнали родителей и троих детей Урсулы Кестер в маленькую комнату в подвале их дома и затем по очереди изнасиловали ее. На следующее утро ее опять изнасиловали двое русских солдат.

Бомбоубежище в Кренцбере кишело русскими солдатами, выискивающими девушек и женщин. Девушек загоняли в квартиры наверху и насиловали. Всю ночь раздавались их крики. Восьмидесятилетней женщине забили рот мылом и насиловали ее по очереди. Когда одна немка выбежала на улицу и пожаловалась советскому офицеру, тот холодно сказал: «Немцы в России вели себя гораздо хуже. Это просто месть».

В книге К. Райана «Последняя битва», из которой я взял эти истории, есть еще много подобного.

Правды об этой стороне освободительной миссии Красной Армии мы не знаем и, не исключено, вообще уже никогда не узнаем. Командующий английскими войсками в Европе фельдмаршал Монтгомери писал в своих мемуарах: «...Их манера поведения, особенно с женщинами, вызывала у нас омерзение».

Одним из следствий стала вспышка венерических заболеваний в частях Красной Армии и — в конце концов — на территории СССР. К апрелю 1945 года по сравнению с февралем 1945 года только среди военнослужащих 1-го Белорусского фронта число венерических заболеваний возросло в четыре раза.

>Я хотел бы сейчас, хотя бы спустя 60 лет, услышать от лидеров новой России официальные извинения перед женщинами Европы за эти оргии в «великие те года».

### 1. 3. 160 ШКУРОК НОРКИ И 323 СОБОЛИНЫХ, ОБЕЗЬЯНЬИХ, ЛИСЬИХ, КОТИКОВЫХ И КАРАКУЛЕВЫХ ШКУР

Но даже миллионы солдатских чемоданов не вместили и миллионной доли того, что захватила советская номенклатура, прежде всего генералитет.

Были официальные нормативы, утвержденные лично Сталиным.

Всем генералам по одной легковой машине — «оппель» или «мерседес» — бесплатно.

Офицерам — по одному мотоциклу или велосипеду бесплатно.

Генералам Сталин разрешил купить по фиксированным заниженным ценам: одно пианино или рояль, по одному радиоприемнику, охотничьему ружью, а также часы — наручные, карманные, настольные.

Офицерам продавали за деньги без ограничения ковры, меха, сервизы чайные, фотоаппараты и т. д. Позже автомашины разрешили покупать и полковникам.

Таково было официальное положение. Но на практике выявились два типа его нарушений.

Во-первых, превышалось установленное количество приобретаемых вещей. И ружей, и фотоаппаратов, и часов брали и по 2, и по 3, и больше.

Во-вторых, многое вообще изымалось бесплатно или приобреталось «с рук» у немцев и за деньги, и в обмен на продовольствие.

Обарахлиться — не проблема. Но как увезти?

Вместе с эшелонами, вывозившими в СССР оборудование, отправлялись личные вещи.

В книге Б. Н. Кнышевского «Добыча» приведено много фактов.

Так, авиационным конструкторским бюро в двух эшелонах вместе с промышленным оборудованием доставлено в СССР в июле и августе 1945 года 4 легковых автомобиля, 5 мотоциклов, 9 пианино и роялей, 199 радиоприемников, 46 предметов мебели и т. д. Заместитель начальника этого бюро отправил себе 6 ящиков, в которых были ножная швейная машина, 10 отрезов и т. д.

Начальник цеха авиазавода с промышленным оборудованием отгрузил себе 10 ящиков. Было отправлено также три «подарочных» велосипеда для начальника главка, сотрудникам госбезопасности, курирующим работу завода.

Нетрудно понять, что случаи раскрытия были в мизерной доле к общему объему процесса.

Партийные чины по поводу и без повода и даже при наличии прямых запретов выезжали за границу «на охоту» за вещами. Секретарь ЦК партии Молдавии, зав. военным отделом Молдавского ЦК и замзав. Транспортным отделом ездиди в Румынию, чтобы собирать и вывозить мебель, музыкальные инструменты, ванны и т. д. из так называемых бросовых квартир.

У заместителя маршала Г. К. Жукова генерала Телегина, арестованного по личному приказу Сталина в 1948 году, при обыске было обнаружено 16 килограммов изделий из серебра, 218 отрезов шерстяных и шелковых тканей, 21 охотничье ружье, гобелены работы французских и фламандских мастеров и т. д. , и т. п.

Но рекорд поставил сам маршал Г. К. Жуков. Трофейный эшелон мебели маршала состоял из 7 вагонов с 85 ящиками мебели, в том числе 194 предмета из карельской березы, красного и орехового дерева с обивкой золотистым и малиновым плюшем. Полные комплекты мебели для городской квартиры и дачи. Все изготовлено на немецкой мебельной фабрике по личному заказу Жукова.

Когда агенты госбезопасности в январе 1948 года производили обыски на квартире и даче Жукова, они обнаружили вынесенные в заголовок этого параграфа 323 шкурки соболей, обезьян, котиков и 160 шкурок норок. И еще 4 тысячи метров шелковых, шерстяных и других тканей; 44 дорогостоящих ковра и больших гобеленов; 55 «ценных картин классической живописи больших размеров в художественных рамках»; 7 больших ящиков с фарфоровой и хрустальной посудой и т. д. , и т. д.

Г. К. Жуков секретарю ЦК ВКП(б) А. А. Жданову заявил: «О моей алчности... признаю серьезной ошибкой то, что много покупал для семьи и своих родственников...». Но Жуков юлит и лукавит. Забрал, не покупая и не оплачивая. То он «забыл» о мебельном эшелоне, отправленном в Одессу; то многое считал «подарками от разных организаций»; то обвиняет своего охранника, что тот не выполнил его указания сдать гобелены в какой-нибудь музей.

Характерно, что на даче маршала Жукова даже специалисты по обыскам не обнаружили *ни одной* советской книги.

Был еще один вид добычи — строительство дач за счет немецких строительных материалов и руками военнопленных: маршалу К. Рокоссовскому, маршалу связи И. Пересыпкину и другим достойным людям.

Как справедливо пишет в своей книге Б. Н. Кнышевский, можно ли представить себе возвращающихся из победных походов Суворова или Кутузова с обозами личных «трофеев»: для себя и для родни?

**Все эти сведения из упоминавшейся книги «Добыча» я привожу в преддверии юбилея Победы. Я хочу, чтобы в докладах кремлевских лидеров и в прочих выступлениях эти личные «заслуги» маршала Жукова и других маршалов страны не были бы забыты и недооценены.**

## 1. 4. ИЗВЕСТНЫЕ
### СВОИМИ ЧИСТЫМИ РУКАМИ ЧЕКИСТЫ

Но больше всех в грабеже и присвоении отличились работники органов безопасности — самой элитной структуры партии и государства.

Вот что говорил на допросе (цит. по книге «Добыча» Б. Н. Кнышевского) генерал-майор А. Сиднев, бывший начальник оперативного сектора НКВД-МВД в Берлине: «В различных частях города то и дело обнаруживались хранилища золотых вещей, серебра, бриллиантов и других ценностей... дорогостоящие меха, шубы. ...Никаких мер к предотвращению грабежей я не предпринял и считаю себя в этом виновным».

Но генерал «не предпринял» мер отнюдь не бескорыстно, а потому, что и сам, «находясь в Германии, набросился на легкую добычу и, позабыв об интересах государства, которые мне надлежало охранять, стал обогащаться...».

При обыске на его квартире обнаружили около сотни золотых и платиновых изделий. Дамскую сумочку из чистого золота он «прихватил» в подвале Рейхсбанка. Среди имущества генерала — 32 дорогостоящих меховых изделия, 1500 метров ткани, 405 пар женских чулок, 78 пар обуви, 296 предметов одежды... «Все это я наворовал частично сам, при активном участии жены, а большинство имущества для меня добывал комендант оперсектора Аксаков и мой родственник Кузнецов, выписанный мною в Берлин из СССР...».

При занятии Берлина одна из оперативных групп генерала обнаружила в Рейхсбанке более 40 миллионов немецких марок. А всего в помещении его оперативного отдела находилось 100 мешков с 80 миллионами марок. Как признал Сиднев, значительная часть этих денег пошла на обогащение чекистов.

Помимо Сиднева «добывал» ценности еще один начальник оперативного отдела МВД — уже в Тюрингии — Г. Л. Беженов.

Но рекорд поставил их начальник — генерал Серов. Будущий руководитель госбезопасности при Хрущеве — тот самый, которому Хрущев поручил «преодолеть» в органах безопасности наследие Л. П. Берия. Здесь, в Берлине, этот будущий «чистильщик» КГБ, был занят делом. Тот же Сиднев показал: «Вряд ли найдется такой человек, который был в Германии и не знал бы, что Серов являлся, по сути дела, главным воротилой по части награбленного... Самолет Серова постоянно курсировал между Берлином и

Москвой, доставляя без досмотра на границе ценное имущество: меха, ковры, картины и драгоценности для Серова... С таким же грузом в Москву Серов отправлял вагоны и автомашины... для сдачи в фонд государства». Под таким прикрытием Серов большое количество ценностей брал себе... «и для преподношения подарков каким-то своим людям». Как видим, «смазки» для ускорения пути к посту руководителя КГБ СССР у Серова было вполне достаточно.

У начальника личной охраны Сталина — генерала Власика — после ареста нашли дорогой фарфоровый сервиз из 100 предметов. Его он «получил» в Потсдаме, куда прибыл с семью полками НКВД и оперативным составом для охраны Сталина числом в полторы тысячи человек. Власик заявил, что было указание дать всему руководящему составу охраны по сервизу.

Возникают сразу несколько вопросов. Знал ли Сталин о реальном масштабе добычи? Почему советская номенклатура оказалась столь алчной? Почему первыми среди грабителей стали чекисты? Почему, в конце концов, нормальные люди — бойцы — вдруг «сошли с рельсов»?

### 1. 5. О ЧЕМ ДУМАЛ СТАЛИН?

Разумеется, Сталин знал. Не мог не знать. Он никогда не доверял никому — даже своей госбезопасности. И имел всегда параллельные, «следящие» системы. Следовал опыту П. А. Столыпина, который вообще не приступал к анализу вопроса, пока не поступали доклады от трех независимых источников: от официально подчиненному ему губернатора, от органов земской статистики и от жандармерии.

Бороться со всем этим было невозможно: надо было бы репрессировать всю армию. Поэтому устроили несколько показательных процессов, Сформировали несколько штрафных батальонов и отправили их на будущий японский фронт.

Но то, что вскрылось, составляло незначительную часть «добычи» начальства. Однако Сталин «стерпел». Для этого у него были свои причины. Какие?

Во-первых, предстояла длительная оккупация Восточной Европы и «расстраивать» армию чистками и арестами было нельзя.

Во-вторых, предстояла война с Японией. Генералы и офицеры были еще очень нужны.

В-третьих, Сталин рассматривал грабеж Германии как вполне приемлемую форму поощрения своих «опричников», не используя прямо государственный карман СССР.

Не менее «ценным» для него было то, что такая «добыча» оставляла всегда в его распоряжении «крючок», на который он мог в будущем вздернуть, если понадобится, любого из высшего эшелона за алчность.

В-четвертых, Сталин, многие годы известный в партии Ленина экспроприациями и грабежами, довольно условно, по-марксистски, понимал право чужой собственности. Если уж он допустил грабеж союзника пролетариата — своего крестьянства в СССР — то что уж церемониться с немцами?

В-пятых, верный марксист-ленинец, он считал разного рода правила взаимоотношений мужчины и женщины буржуазными предрассудками. Джилас в книге «Беседы со Сталиным» рассказывает, как он пожаловался Сталину на то, что бойцы Красной Армии насилуют женщин в Югославии, на что Сталин заметил: «Как вы не понимаете, что солдат, прошедший тысячи километров через кровь и огонь, хочет повеселиться с женщиной или взять пустячок на память?».

Сталин в Германии отрабатывал уже примененный им в СССР механизм: дать украсть крохи рядовым, чтобы те закрыли глаза на вагоны хапающего начальства. Во время застоя этот механизм действовал еще более успешно: «несуны» выносили с заводов и фабрик что-то по мелочам и их не трогали, чтобы они не замечали выезжающих с заводских цехов без документов грузовиков...

Сталин знал, что вскрыта только вершина айсберга. Но показ стране айсберга он решил придержать до более подходящего времени. Впрочем, и вершину айсберга он стране не показал, а только продемонстрировал как кнут своей элите.

И все же главное было, я думаю, в другом. Сталин считал, что еще не пришло время показать стране на публичных процессах (как в 1937 году) лицо той номенклатуры, от которой он решит освободиться, расчищая место для стаи подросших «молодых волков». А когда время чисток — по его мнению — пришло, он решил, что гораздо более мощным средством будет «дело евреев», а не расследования алчности номенклатуры. Так в итоге страна и не узнала правды о «добыче» номенклатуры в оккупированной Германии.

Именно этот нереализованный Сталиным план репрессий и публичных процессов в духе 30-х годов позволил советской номенклатуре сажать Жукова и маршалов в первый ряд, чтобы украшать ими президиумы и площади, облагораживать ими в глазах народа свое собственное номенклатурное лицо. Современная российская номенклатура продолжает восхвалять «маршалов страны», тоже пользуясь тем, что страна не дожила до таких же показательных сталинских процессов над генералитетом, какие вождь провел над героями гражданской войны в 1937 году.

### 1. 6. ПОЧЕМУ?

Почему советская номенклатура буквально ошалела и вела себя в Германии с нарушением любых норм? Почему рекорд грабежа в XX веке поставила именно коммунистическая бюрократия?

Возникает одно объяснение: такое поведение — это суть нашей советской бюрократии и ее элиты: военной, гэбэшной, партийной. Просто в Германии были сняты разного рода путы и ограничения. «Если Бога нет, то все дозволено» — говорил Достоевский. «Все дозволено» — это относится и к грабежу имущества в Германии.

К тому же, наша номенклатура всегда жила в двух измерениях: есть то, что позволено народу и является общей нормой, и есть то, что дозволено ей, номенклатуре.

Почему первыми среди номенклатуры в деле грабежа оказались чекисты?

Тут тоже все логично. Сказались хроническая безнаказанность и привычка к бесконтрольности. Сказался и опыт 37-го года, когда они конфисковали имущество арестованных, не составляя — по словам Антонова-Овсеенко — даже описи книг конфискованной библиотеки их семьи. А о конфискациях имущества буржуазии, церкви, помещиков и кулаков говорить не приходится.

Ну а миллионы простых людей?

Русская армия за свою историю не раз и не два вступала в страны Европы. Но почему только в эту войну — с начала 1945 года — среди одетых в шинели русских людей оказались чуть ли не толпы грабителей, мародеров, насильников? Люди, только что отстоявшие свою Родину, своей кровью и жизнями доказавшие преданность самым высоким идеалам русского человека!?

Первая причина, думаю, в грандиозной «чистке» народа от морали: и в ходе революции и гражданской войны, и в ходе коллективизации, и в ходе индустриализации.

В качестве второй причины, я думаю, надо назвать неосознанную, но где-то в подсознании солдат присутствующую мысль о том, что здесь в Европе, высокой морали, необходимой им для Великой Отечественной войны, уже не требуется. В Германии мы оказались ради чуждых народу интересов сталинской номенклатуры. Вот и ведем себя соответственно.

Остается добавить, *как во время этого обогащения номенклатуры жила страна*. Вот какие факты приводит в своей книге Б. Н. Кнышевский из секретного досье Жданова, фактически первого заместителя Сталина.

«...Жена погибшего командира И. Е. Некрасова с тремя детьми вынуждены спать на полу из-за отсутствия какой-либо обстановки и постельных принадлежностей...». «Расщедрившаяся» советская власть дала ей 300 рублей, оторвав их от сердца у номенклатуры...

«...Одинокий 85-летний отец погибшего воина И. Д. Платкин существует на пенсию в размере 100 рублей, не имеет даже смены белья и вынужден нищенствовать...». Ему тоже «помогли» — дали 50 рублей.

«...Жена погибшего воина Шаталова имеет 5 детей, ко-торые не посещают школу из-за отсутствия одежды и обуви...»

Добавлю. В ставропольской станице мальчик Михаил Горбачев в 1944 году не мог пойти в школу — не было никакой обуви. А отец с фронта посылок не слал — лежал в госпитале. От него пришло письмо с просьбой к матери: «Продай все, купи одежду, обувь, книги и пусть Михаил обязательно учится». Но в школе Миша смог появиться только после первой четверти...

...А на Урале, в бараке, в одной из 22 комнатушек с одним общим коридором ютилась семья Ельциных: отец, мать и четверо детей. Во время морозов, так как не было одежды, старший — Борис Ельцин — прижимался к козе, теплой, как печка, и тоже проживавшей в этой же комнатушке...

А в одном из московских дворов — в бараке — жила семья Лужковых. Шесть человек в одной комнате. Жили впроголодь. Все ходили в рванье и отрепьях. В чернильницах замерзало чернило. Во дворе соседские дети вообще пухли и умирали от голода. Вернувшийся с войны отец принес единственный «трофей» — немецкий ядовито-зеленый «полупердон», в котором средний сын — Юрий — проходил и детство, и юность, и годы учебы в вузе.

Сколько таких семей было по всей России, пока ее коммунистические и чекистские лидеры набивали норками и коврами свои карманы и заготовляли себе отрезы длиной в десятки стадионов!

Пожалуй, именно в 1945 году в наиболее полной, наиболее откровенной, наиболее наглядной и осязаемой форме проявилась антинародная суть утвержденного Сталиным, его партией и его госбезопасностью в ходе коллективизации, индустриализации и Большого террора 30-х годов в СССР государственного социализма.

Победив в войне немереными потоками крови бойцов, посланными за сотни километров от границы русской земли ради экспансии сталинского социализма, советская номенклатура тут же начала «отоваривать» этот успех захваченным в Германии добром.

**Я хотел бы, чтобы докладчики, которые будут восторгаться великим подвигом 1945 года, обязательно рассказали о славных чекистах, опередивших всю сталинскую номенклатуру на поле личного обогощения.**

## 2. ПРАВДА О РЕПАРАЦИЯХ

Сначала о терминах.

*Военные трофеи* — это то, что было захвачено у противника из брошенного им на поле боя или отданное им при капитуляции.

*Контрибуции* — платежи, налагаемые на побежденное государство в пользу государства-победителя. Современным международным правом контрибуции запрещены.

*Репарации* — это возмещение государством причиненного им ущерба в денежной, материально-вещественной или иной форме (например, работой граждан этого государства).

*Реституция* по международному праву — возврат имущества, культурных и иных ценностей, незаконно захваченных и вывезенных воюющим государством с территории противника.

Теперь можно перейти к тому, что же мы вывезли из Германии. Буду цитировать опубликованные у нас материалы, в особенности; содержательные книги М. И. Семиряги «Как мы управляли Германией» (издана в 1995 г.) и уже упоминавшуюся книгу Б. Н. Кнышевского «Добыча. Тайны германских репараций» (1994 г.).

### 2. 1. ОТ ТАБАКА ДО СТАНКОВ

*Первая часть* наших репараций — материальные вещи. Тут дело обстояло просто: берем, грузим, вывозим.

В Красной Армии было Главное трофейное управление, которым командовал генерал Вахитов. Только за 1945 год оно отправило в СССР 74 тысячи вагонов со строительными материалами, 1,2 миллиона мужских и женских пальто, 1 миллион головных уборов и т. д. и т. п.

— всего загрузили 400 тысяч железнодорожных вагонов.

Еще СССР получил в виде репараций 2,3 миллиона тонн зернопродуктов; полмиллиона тонн масла, рыбы, жиров; полмиллиона тонн сахара; миллион тонн картофеля и овощей; 16 тонн табака; 20 миллионов литров спирта.

До января 1948 года в СССР из Германии было вывезено 554 тысячи лошадей, 541 тысяча крупного рогатого скота, 240 тысяч овец.

*Второй вид* репараций — оборудование и целые заводы. Только из Германии их вывезено 2885. За один год.

Из Германии в СССР прибыло 96 электростанций мощностью в 4 миллиона киловатт, 340 тысяч станков, 3 тысячи паровых котлов, 200 тысяч электромоторов и т. д.

Вооруженные силы вывезли 202 объекта: энергетика — 120, электропромышленность — 101, сельхозмашиностроение — 85, издательства — 64, здравоохранение — 26 и т. д.

Среди вывезенного — астрономическая обсерватория университета Гумбольта, фабрика грампластинок и т. д.

Из берлинского метро вывезли электрическое оборудование, ремонтные мастерские, новые вагоны, локомотивы, платформы. Запасов для того, чтобы можно было приступать к строительству метро в других, помимо Москвы, городах, появилось достаточно.

Отгружено спортивное оборудование, особенно то, что было создано в Германии к XI Олимпийским играм.

Для работы в СССР были привлечены почти 2 миллиона немецких военнопленных. Это была весомая «дань».

И демонтаж, и вывоз, и хранение были чисто советскими. Уникальные технологические линии рассыпались между разными заводами.

Вот справка по заводу «Большевик»: «Значительная часть оборудования хранится на открытых платформах...

Все оборудование от грязи и ржавчины не очищено и не смазано... Из поступивших 820 единиц оборудования на 31 июня 1946 года смонтировано и сдано в эксплуатацию 220 станков».

Вот данные из приказа руководителя черной металлургии Тевосяна: вывезенное из Германии оборудование «не обеспечено надежной охраной», «часть хранится на открытых площадках». На заводе Карла Либкнехта «большая часть трофейного оборудования занесена снегом».

Инструктор ЦК ВКП(б) Никитин докладывал, что доставленное из Германии оборудование «транспортировали волоком при помощи тракторов».

Впрочем, чего ждать от тех, кто привык в наших МТС «хранить» нашу технику под снегом? От тех, кто и свое оборудование использовал плохо — и из-за уровня кадров рабочих и инженеров, и из-за уровня тех, кто ими руководил из Госплана и министерств.

Возникает вопрос: зачем надо было демонтировать, вывозить и монтировать оборудование? Этого требовал Сталин. Для чего? Чтобы разрушить немецкую промышленность? Значит, предполагал наш уход из Германии?

В конце концов, даже самым ярым приверженцам социалистического хозяйства стало ясно, что эффективнее вести дела в самой Германии. Весной 1946 года начали создаваться в советской зоне советские государственные оккупационные общества: в счет репараций и для выплаты репараций. Всего их создали почти две сотни.

О работе немецких военнопленных у нас написано много. И опять тот же вопрос — не была бы отдача от них выше, если бы они трудились в советской зоне?

Особые поставки получил ГУЛАГ. Ему было передано оборудование лагеря военнопленных «Нарвик» и имущество школы СС. Надо думать, пишет М. И. Семиряга, что в ГУЛАГе отдача от «оборудования» была выше.

**Я хотел бы услышать в докладах по случаю юбилея, сколько мы потеряли от принятого варианта репараций: вывозить демонтируемые действующие заводы и старое оборудование, а не получать новое оборудование, которое заставить производить на этих заводах на месте, в Германии.**

### 2. 2. О КУЛЬТУРЕ

Наиболее своеобразная ситуация сложилась в сфере культуры. На эту область обычно распространяется принцип реституции — возврата, — а не репараций. И это понятно: культурные ценности одного народа культурными ценностями другого народа возместить трудно, а во многих случаях невозможно.

Немецкие оккупанты вывозили много ценностей — и русской культуры, и тех, которые в России оказались в результате закупок в течение веков произведений искусства Запада царями и богатыми людьми России.

Особенно крупная «добыча» досталась немцам в Риге, Вильнюсе, Таллине и городах Западной Украины и Западной Белоруссии, которые еще не успели «почистить» сталинские «искусствоведы в штатском».

Говоря о выводе немцами произведений искусства, советскими обличителями нацистов умалчивалось, что многие ценности советская власть, спасая свои головы и тела, сама бросала на произвол судьбы в ходе отступления.

Замалчивалось и то, что немцам доставались часто те художественные ценности, которые советская власть не ценила, сваливала в запасники и распродавала в 30-е годы за золото за границей направо и налево.

Не вспоминали и то, что многие ценности западной и русской культуры (особенно иконы) немцы находили в подвалах, под кучами мусора, в грязи.

Но как бы то ни было, все, что удалось найти, подлежало возврату СССР. Реституция.

Возвратили в СССР архивы. Особенно горкомов и райкомов партии (которые многое могли рассказать о годах и коллективизации, и Большого террора).

Но на реституции своего дело не остановилось. Сталин дал указание забрать и то, что касалось России, но СССР не принадлежало.

Архивы русских социал-демократов. Архивы других партий России. Архивы белых армий. Это само собой.

Среди того, что рекомендовалось искать, был архив Учредительного Собрания, архивы Герцена и Бакунина и т. д.

Из хранилищ в музеях Германии, Австрии, Чехии, из библиотек этих стран изымалось все русские отделы — вплоть до рукописей Пушкина.

Это было уже не советское, но все же как бы свое. Но этим дело не ограничилось. В документе, подписанном лично Сталиным, предписывалось *пополнить* наши музеи и библиотеки *немецкими ценностями*.

Символом такого «пополнения» стал вывоз Дрезденской Галереи (как будто ее не могли сохранять и реставрировать на территории советской зоны оккупации?).

Под предлогом уничтожения нацистской литературы вывезли в СССР сотни, тысячи, десятки тысяч, сотни тысяч томов книг по истории, литературе, философии, искусстве Германии.

Б. Н. Кнышевский приводит рассказ кандидата филологических наук А. Блюма, который в 1962 году окончил Ленинградский библиотечный институт и прибыл работать в Челябинскую областную публичную библиотеку. Там он и увидел «трофейные» фонды: «Две комнаты до самого потолка были забиты какими-то коробками, ящиками... Открыв первый ящик, мы были потрясены: тисненые переплеты, золотые обрезы... великолепные гравюры».

Маршал Г. К. Жуков, не жалея сил, организовывал поиск и вывоз «бесхозных» и «нацистских» книг и музейных ценностей. С мая 1945 года было отправлено в СССР 160 вагонов ценностей библиотечных и музейных фондов.

Все делали в тайне и от немцев и от своего народа. Ведь все это шло помимо репарации и в нарушение международных правил.

Даже после возврата в ГДР большого количества культурных ценностей правительство ФРГ считает, что у нас все еще находится 200 тысяч немецких музейных экспонатов, примерно 2 миллиона немецких книг и 3 километра папок с архивными материалами.

Наш «встречный» иск составил 4 тома со сведениями о 40 тысячах утраченных во время войны ценностей.

Для сравнения «исков» можно сказать, что только в одной Пивной башне Троицо-Сергеевской Лавры находится 165 тысяч единиц «трофейных» фондов.

Спрашивается, зачем было вывозить в СССР все эти книги и музейные ценности? Обеспечить наши музеи и библиотеки?

Частично да. Но в целом дело еще и в чем-то другом.

И это другое понять можем мы, в СССР. Ведь после 1917 года у нас, в России, также «чистили» библиотеки и музеи от собственного национального достояния, от русской истории.

Вот и теперь под видом «идеологической» чистки Германии от нацизма уничтожали саму немецкую культуру прошлого. Для чего? Месть? Нет. Главный мотив тот же, что и у нас: чтобы появился вакуум, который без сопротивления и борьбы займет культура государственно-бюрократического социализма.

**Правду о грабеже немецкой культуры и ее «чистке» я тоже хотел бы услышать в докладах в дни юбилея Победы. Эта правда нужна больше нам, чем немцам, — чтобы не повторялись организованные советской номенклатурой погромы культуры. Нигде и никогда.**

## 2. 3. САМОЕ ГЛАВНОЕ

Помню, еще при Н. С. Хрущеве, я на каком-то совещании впервые увидел и услышал академика А. И. Берга. Я там был от Специального конструкторского бюро биофизической аппаратуры и электронных машин, работу в котором в качестве ведущего инженера я совмещал с учебой в аспирантуре МГУ. Это СКБ БФЭМ отвечало в Мосгорсовнархозе за внедрение ЭВМ. Аксель Иванович Берг был председателем Совета по кибернетике Академии Наук СССР и клеймил экономистов и хозяйственников за отставание от США. «Он-то имеет право так нас ругать — в своей области он на мировом уровне», — заметил сидящий рядом со мной человек.

А в книге Б. Н. Кнышевского я прочел, что А. И. Берг был избран академиком в 1946 году за успехи в освоении радиолокационной техники. А сами эти успехи состояли в быстром внедрении вывезенной из Германии после мая 1945 года этой самой радиолокационной техники.

Академик П. К. Анохин в 1972 году получил Ленинскую премию. Из упомянутой книги «Добыча» я узнал, что Петр Кузьмич после капитуляции был направлен в Берлин и вывез оттуда целую библиотеку научных отчетов и монографий. Никто этой библиотеки так и не увидел, зато П. К. Анохин опубликовал десятки монографий и сотни статей. Быстро рос созданный Анохиным новый НИИ, носящий теперь его имя.

О Сергее Павловиче Королеве знают все — вплоть до его пребывания в лагере и работе в «шарашке». Но для меня было новостью, что уже в 1945 году Королев в составе группы ученых и инженеров выехал в Германию. Он изучал ракетный центр Брауна в Пенемюнде на острове Узедом. Он участвовал и в составлении списка немецких ученых для вывоза в СССР для работы на острове Гродомля на Селигере. Обеспечивал вывоз 150 турбин «ФАУ-2», 20 комплектов графитовых рулей, передачу на Крымский полигон стартовых установок и испытательных станций немецких ракет дальнего действия.

Ну, о том, что И. В. Курчатов и Ю. Б. Харитон не раз и не два черпали «научные озарения» из добытых в США шпионами Л. П. Берия бумаг, — известно. А вот о немецком источнике их достижений известно меньше. Вывозились в Сухуми немецкие ученые. Вывозилось оборудование по производству урана и сам уран. Ведь немцы, хотя и отставали от США в создании атомной бомбы, нас-то они существенно опережали.

Вот что говорил И. В. Курчатов (цит. по книге В. С. Губарева «Белый архипелаг Сталина»): «До мая 1945 года не было надежд осуществить уран-графитовый котел, так как в нашем распоряжении было только 7 тонн окиси урана и не было надежд, что нужные 100 тонн урана будут выработаны ранее 1948 года... т. Берия направил в Германию специальную группу работников... В результате большой работы группа нашла и вывезла в СССР 300 тонн окиси урана и его соединений, что серьезно изменило положение не только с уран-графитовым котлом, но и со всеми другими урановыми сооружениями».

8 мая 1945 года Курчатов представил Л. П. Берия список немецких ученых, которые могут быть пригодны к работе по урану. В списке 35 человек. В СССР было направлено уже в июне 1945 года 39 германских ученых, инженеров, мастеров и, кроме них, 61 человек — членов их семей, а всего 99 немцев.

Институт барона фон Ардена был перебазирован в Сухуми и разрабатывал новые методы разделения протонов урана. А профессор Н. В. Риль за активное участие в урановом проекте — единственный из немецких ученых — был удостоен звания Героя Социалистического Труда. Другие были награждены советскими орденами и отмечены премиями.

На урановых рудниках Германии, которые были объявлены советской собственностью, было создано предприятие «Висмут». На нем работало более полумиллиона немецких рабочих и с 1946 по 1989 годы было добыто 220 тысяч тонн радиоактивных элементов для производства урана. От рака легких умерло 7 тысяч немецких работников и 6 тысяч — от силикоза.

Знаем мы и «МИГ» Микояна, и «ЯК» Яковлева. Но вот выдержка из приказа ответственного в 1945 году в стране за авиационную технику Шахурина: «тов. Яковлеву — создать реактивный самолет-истребитель с использованием немецкого реактивного газотурбинного двигателя ЮМО-004». «Тов. Микояну — создать двухмоторный истребитель с использованием газотурбинного двигателя БМВ-003». А главный конструктор Челомей в соответствии с приказом должен в кратчайшие сроки «создать самолет-снаряд по типу немецкого ФАУ-2». Определен в приказе и завод, который должен наладить производство и ЮМО-004, и БМВ-003.

Почти все уцелевшие военные заводы Восточной Германии были вывезены в СССР, в том числе танковые, артиллерийские, судостроительные.

Ну а если говорить в целом, то еще вывезли немецкую Государственную патентно-техническую библиотеку со всеми патентами и изобретениями. К 1939 году Германия имела 800 тысяч патентов на изобретения, которые бесплатно достались нам.

Доставлен в СССР был и Центральный военно-технический архив германской армии.

Как пишет в своей книге М. И. Семиряга, «как голодные волки в поисках добычи мы везде искали конструкторов ФАУ, реактивных самолетов, тяжелых танков и не интересовались тем, что относилось к производству товаров для народа».

Когда Сталин умер, обнаружилось, что его подслушивали. И было чем. Органы госбезопасности получили из Германии аппаратуру для звукозаписи, целые заводы по производству разведовательной аппаратуры, секретную технику СС и Абвера. Было вывезено оборудование Берлинского радиодома и телецентра. В органах разведки и безопасности началась настоящая научно-техническая революция. Одним из подопытных кроликов стал и сам Сталин.

К 1 января 1946 года почти 10 тысяч советских специалистов уже прибыли в Германию из 52-х советских министерств для изучения научно-технических достижений, и они привлекли к своей работе 8 тысяч голодающих и готовых на все немецких специалистов.

Что значили немецкие специалисты? Руководитель атомного проекта США генерал Лесли Гровс писал, что один немецкий физик-ядерщик В. Гейзенберг «стоил» десяти немецких дивизий.

Я не хочу уменьшать заслуг наших ученых. Чтобы понять, что именно украдено и, тем более, его внедрить, —

нужен талант. К тому же не надо забывать, что США делали то же, что и мы.

Но в США об этом говорили. А нам еще надо рассказывать всю правду. Честные книги М. И. Семиряги и П. Н. Кнышевского изданы мизерными тиражами.

Сталин выполнил общее решение лидеров трех союзных держав о ликвидации немецкого военно-промышленного потенциала. Но он выполнил его по-сталински — перебросил, как смог, этот потенциал из Германии в СССР. При этом он заявил, что это «справедливая дань рейха за пролитую в войне кровь народа и никакой речи о политической и научно-технической нечистоплотности быть не может».

**Я хотел бы услышать в дни юбилея Победы правду: репарация предназначалась только частично для восстановления экономики СССР в целом и совсем в незначительной доле — для улучшения жизни советских людей, пострадавших от войны. А главным образом — для быстрейшей подготовки СССР к новой войне.**

## 2. 4. ПОЧЕМУ ЭТО СТАЛО ВОЗМОЖНЫМ?

Для США и Англии вопрос о репарациях был простым. Гитлер — агрессор. Пусть теперь Германия возмещает жертвам ущерб.

А вот для СССР тут был идейный конфликт. Ведь СССР ведет войну для утверждения в других странах социализма. Как у Михаила Светлова:

> Я хату покинул, пошел воевать,
> Чтоб землю в Гренаде крестьянам отдать...

Для утверждения социализма вступили в Западную Украину и Западную Белоруссию, в Прибалтику. Даже войну с Финляндией вели ради утверждения в ней социализма. Г. В. Перов — один из руководителей Госбанка СССР — рассказывал мне, что он уже видел отпечатанные новые деньги советской Финляндии.

А в случае с Германией получалось, что СССР ставит целью экспроприацию. Если мы собираемся установить в Германии социализм — нелепо ее обирать. Но если и не собираемся, то репарации — это ведь налог и на рабочих, и на крестьян Германии, так как — по марксизму — только они являются творцами и хозяевами всех ценностей.

Не менее важным было и соображение о том, что такой налог вряд ли приблизит немцев к идее социализма.

Но, с другой стороны, чуть ли не вся европейская часть СССР — в руинах. Восстанавливать ее своими силами — понадобятся десятилетия.

Сталин — как всегда — пожертвовал теорией в пользу прагматизма. Свое оправдание он, не исключено, видел и в том, что именно укрепление СССР — лучший путь к утверждению социализма в Германии.

Ну а если принять идею репараций, то в какой форме? Получать их золотом или в виде материальных ценностей?

Для Запада и тут не было проблемы. Конечно же золотом. Но так как после победы в первой мировой в 1918 году Германия не могла найти для оплаты репараций нужного количество золота, то с учетом этого опыта на этот раз Запад был согласен брать и материальные ценности.

Сталин удивил Запад тем, что отказался от разного рода активов Германии в других странах. И действительно, зачем ему эти акции, облигации, биржи?

Сталин отказался не только от активов, но и от получения репараций золотом. Зачем оно ему? С этим золотом придется идти на западные рынки, где ему будут диктовать и то, что приобретать, и цену за товары. Нет уж, лучше репарации в виде материальных ценностей.

Третья проблема: кто должен выплачивать репарации СССР? Казалось бы, вся Германия. Вроде бы больше гарантий.

Но Сталин сознает, что в этом случае Запад опять берет под контроль и содержание репараций, и их объем.

И Сталин предлагает, чтобы каждая держава-победительница свои репарации брала в своей зоне оккупации.

Расчет его прост: если я сам беру, никто не будет знать, что я взял и сколько. Сталин смотрит вперед, далеко вперед. Он ведь хорошо знает, что ему понадобится в Германии.

И, наконец, размер репараций. Советская комиссия, которую возглавил Шверник, насчитала сумму потерь СССР в 674 миллиарда рублей.

Человеческие жизни, разумеется, не в счет. А в ценности попали и сожженные нами самими при отступлении наши города. И разрушенные нами заводы, и взорванный нами Днепрогэс. И сожженные еще до войны нами же церкви.

Но когда Запад принял идею Сталина о том, чтобы черпать репарации в своих зонах, Сталин на радостях заявил, что ему хватит 10 миллиардов долларов. Это была мизерная сумма, равная шестимесячному расходу Англии на войну или 10 процентам годового бюджета США. Но Сталин не мелочится: он теперь уже уверен, что никто не будет знать, по каким ценам он будет оценивать репарации и что реально «вместится» в эти 10 миллиардов.

## 2. 5. О РОЛИ РЕПАРАЦИЙ

После образования ГДР и перехода к курсу «социализм на германской земле» (хотя сам Сталин говорил, что «социализм для Германии это то же, что седло для коровы») началось «встречное» движение: репарация «из» и помощь «в».

Поэтому уже в 1953 году оставшуюся часть репараций сократили на 50%, а с 1 января 1954 года взимание репараций прекратилось.

Какую роль сыграла репарация? Советские лидеры нагло, прямо или косвенно, врали, отвечая на этот вопрос.

В. М. Молотов говорил: «После войны мы брали репарации, но это мелочь».

А председатель Госплана СССР Н. А. Вознесенский утверждал, что «Восстановление народного хозяйства СССР осуществлялось на основе независимости социалистической экономики от капиталистических государств и монополий».

В учебнике по истории СССР сказано, что в 1951 году задача восстановления была в основном решена «трудовым подвигом советских людей».

Поклонники сталинского социализма, часто ссылались на **высокие темпы** роста экономики в послевоенные годы, на ежегодные **снижения цен**. Объяснения — организующая роль коммунистической партии, трудовой энтузиазм советских людей и, разумеется, гений Сталина.

**Я хотел бы наконец в докладах о юбилее Победы услышать о немецких репарациях как мощной «подпитке» и этих темпов, и этих снижений цен.**

И здесь правду еще надо выявлять и выявлять.

Но самое главное — военный аспект. Германию оккупировали прежде всего для того, чтобы Сталин мог как можно скорее подготовиться к новой войне. Гитлеровский социализм позволил сталинскому социализму вступить в холодную войну.

*Я хотел бы, чтобы кремлевские докладчики о юбилее Победы специально подчеркнули бы, какой вклад внесли немецкая техника, немецкий интеллектуальный потенциал и живые носители этого потенциала в создание того ядерно-ракетного кулака СССР, который почти полвека позволил советскому социализму удерживаться и в мире, и на шее собственного народа.*

## 3. ПРАВДА О СОЮЗНИКАХ

### 3. 1. АНГЛИЙСКИЕ ТАНКИ НА КРАСНОЙ ПЛОЩАДИ

Все знают о параде 7 ноября 1941 года — традиционном для довоенного СССР, но совершенно неожиданного тогда. В столице, в пригороды которой уже прорвался враг, Сталин осуществил одну из тех акций, на которую могут решиться только действительно великие люди.

Отмечая — в соответствии с последним решением властей — парад 7 ноября, я хотел бы, чтобы *обязательно рассказывали, что показываемая в документальных фильмах речь Сталина 7 ноября на Мавзолее была записана спустя много дней, среди декораций в Кремле.* Пар изо рта, неизбежный при морозе, на кадрах отсутствует. Проглядели в спешке...

Впрочем, кинооператоры не виноваты в том, что не засняли выступление с Мавзолея. Их просто вызвали на Красную площадь с опозданием: парад уже шел. Операторы засняли и наши танки, и английские, которые заканчивали парад. Этот кусок пленки потом отрезали и не показывали. И не показывают до сих пор. Выпуская английские танки на парад, Сталин хотел показать, что помощь нам уже начала поступать. Но потом передумал и фильм «урезали».

**Надеюсь, что при праздновании парада 7 ноября будут показывать правдивый фильм о параде.**

В эпизоде с английскими танками на параде на Красной площади сконцентрированы все наши отношения с союзниками. То помощь вспоминают. То «вырезают». А в годы холодной войны вообще появилось утверждение Сталина, что помощь союзников не превышала 4 процентов от собственного промышленного производства СССР.

И здесь важно восстанавливать правду. Если, конечно, мы хотим, чтобы у нас и в будущем появлялись союзники.

Правду восстановить нетрудно: есть и цифры, и факты. Есть и хорошая книга В. А. Красикова «Победы, которых не было». Как и положено — издана мизерным тиражом. Зачем нашей новой номенклатуре правда?

Сначала о продовольствии. Я, как и все жившие в те годы, хорошо помню и банки с американской тушенкой, и коробки с яичным порошком.

Продовольственная помощь в целом была поставлена СССР на сумму 1,3 млрд. долларов (тогдашних). Если численность нашей армии принять за 10 миллионов человек, то это по 130 долларов на бойца. А в пересчете на калории этой помощи хватило бы на пропитание 10-миллионной армии больше чем на 5 лет.

Обо всем этом пишет и в своей книге В. А. Красиков. Ниже буду приводить сведения из его книги.

За годы войны мы произвели 205 тысяч автомобилей, а получили от союзников 427 тысяч. К тому же и по проходимости, и по грузоподъемности, и по надежности «Студебеккеры» были равноценны 2—3 нашим авто. В общем, справедливо замечает В. А. Красиков, — соотношение «Мерседеса» и «Жигулей».

Из-за границы прибыло 22 тысячи самолетов, 13 тысяч танков, почти 9 тысяч тракторов, 5 тысяч транспортеров, 35 тысяч мотоциклов, 2 тысячи локомотивов и 11 тысяч вагонов.

Теперь о материалах. Мы получили 350 тысяч тонн взрывчатки — по 35 килограммов на одного бойца Красной Армии. 15 миллионов пар обуви, 70 миллионов квадратных метров шерстяной ткани, 4 миллиона автомобильных шин.

А еще почти 3 миллиона тонн авиационного бензина, 422 тысячи полевых телефонов, свыше 2 миллионов километров телефонного кабеля — почти 50 земных экваторов!

В СССР после начала войны свернули судостроительную программу. Пополнялся наш флот за счет союзников: один линкор, один крейсер, 9 эсминцев, 4 подлодки, 202 торпедных катера, 138 охотников за подлодками, 99 тральщиков, 49 десантных судов, 28 танкеров, 3 ледокола, 11 ледокольных буксиров, 17 морских барж, 5 плавучих мастерских. Целый флот. А из 284 флотских истребителей наших было только 35. Из 72 торпедоносцев — наших 6.

Поставки дорого обходились союзникам. Так, на потопленных немцами кораблях утонуло почти 2 тысячи танков. Только в июле 1942 года из 34 входивших в конвой кораблей, следовавших в Мурманск, дошло только 11 кораблей. Всего за первую половину 1942 года утонуло 4 миллиона тонн грузов — почти по 400 килограммов в перасчете на одного красноармейца. О славной гибели героических экипажей англо-американских конвоев надо нам помнить всегда.

Помощь СССР была всенародным делом в странах-союзниках. Вот пример из книги Р. Иванова «Сталин и союзники». У англичанки леди Макроберт погибли все три сына-летчика. Она решила пожертвовать 20 тысяч фунтов стерлингов на строительство звена истребителей в память о погибших сыновьях и попросила отправить эти самолеты в СССР.

В свете сказанного можно оценить по достоинству заявление Сталина о 4 процентах. Есть одно определение: ложь, полная ложь, наглая ложь.

Гораздо ближе к истине Г. К. Жуков, когда он говорит: «Лакированная эта история... Описание истории тоже извращенное, но более честное у немецких генералов. А вот „История Великой Отечественной войны" (хрущевский шеститомник) абсолютно неправдивая. Вот сейчас говорят, что союзники нам не помогали. Но ведь нельзя отрицать, что американцы дали нам столько материалов, без которых мы не могли бы сформировать свои резервы и не могли бы продолжать войну. ...У нас не было взрывчатки, пороха. Не было, чем снаряжать винтовочные патроны... А сколько они нам гнали листовой стали! Разве мы могли бы быстро наладить производство танков, если бы не американская помощь сталью? Это не история, которая была, а история которая написана».

А другой советский лидер тех лет — Анастас Микоян — заявил: «...Осенью 1941 года мы все потеряли и, если бы не ленд-лиз, не оружие, продовольствие и теплые вещи для армии, — еще вопрос, как обернулось бы дело». (Ленд-лиз — это программа помощи союзникам со стороны США.)

Я и здесь хотел бы в докладах Кремля и Белого Дома услышать правду.

> Общий размер помощи союзников СССР западные специалисты оценивают по современным ценам в сумму в **100 млрд. долларов**: по **500 долларов** на каждого гражданина СССР и по **10 тысяч долларов** на одного бойца Красной Армии. То есть по **8 долларов** на каждого нашего бойца каждый день всех лет войны.

### 3. 2. ПОЧЕМУ НЕМЦЫ ОТКАЗАЛИСЬ ОТ ПЛАНА КУРСКОЙ БИТВЫ

О Курской битве после фильмов из известной серии о Великой Отечественной войне «Освобождение» знают все.

Утвердившаяся легенда о знаменитом танковом сражении под Прохоровкой состоит в том, что столкнулись 800 наших и 700 немецких танков. Мы потеряли 300, а немцы 400 танков.

А что было на самом деле? За день боев части Красной Армии были отброшены на несколько километров. Немцы потеряли 842 человека, 30 танков (из них всего один «тигр»). А мы — 10 тысяч человек и 341 танк. Сталин в гневе хотел отдать командующего 5-ой Гвардейской танковой армии генерала Ротмистрова под трибунал.

К середине июля советские войска в районе Курска оказались в полуокружении.

Что было дальше? Опять есть фантазийная версия наших историков. Якобы «немцы» выдохлись и поэтому не нанесли завершающего удара.

Что было на деле? А на деле спасать Сталина от повторения лета 1942 года бросились союзники. 10 июля

1943 года — в критический момент Курской битвы — Эйзенхауэр начал десантную операцию и высадился на острове Сицилия. Итальянская армия была разгромлена. Части Эйзенхауэра быстро начали двигаться.

13 июля 1943 года Гитлер срочно вызвал с Курского фронта Манштейна и Клюге и заявил, *что вынужден свернуть операцию «Цитадель»* (так называли немцы битву на Курской дуге) из-за гораздо более важной для него Италии. 15 июля был издан приказ о прекращении немецкого наступления и об отходе на исходные позиции.

А якобы «сожженные» в танковом сражении дивизии «Райх», «Мертвая голова» и другие (в советских фильмах буйная фантазия авторов дошла до сцены самоубийства одного из комдивов) *без паузы сразу же были отправлены* сражаться в Италию против десанта союзников. В Италии некоторые из этих «уничтоженных» нашими кинематографистами эсесовских дивизий трепали союзников, а у Азовского моря другие «уничтоженные» ликвидировали наш плацдарм на реке Миус, взяв в плен 18 тысяч красноармейцев.

А вот «обескровившие» немцев войска Воронежского и Степного фронтов приходили в себя до 3 августа 1942 года.

Курская битва после ухода танковых дивизий СС завершилась нашей победой. Но мы потеряли 6 тысяч танков, а немцы 1300, из них 74 «тигра», 127 «пантер» и 39 «слонов». Мы — 254 тысячи бойцов, немцы — 58 тысяч. Всего за 4 дня — с 5 по 8 июля — мы потеряли почти 600 самолетов, немцы — 60.

Вполне естественно, что до самой осени 1943 года Красная Армия не могла наступать.

Говоря о том, как на судьбу Курской битвы повлияли действия войск союзников, необходимо вспомнить, как до этого союзники повлияли на исход Сталинградской битвы.

К октябрю 1942 года ситуация вокруг Сталинграда начала превращаться в критическую: немцы вышли к Волге, а наши части удерживали узкую полосу земли возле реки.

Черчилль и командование союзников понимали: нужна срочная помощь. И англичане в октябре начали наступление в Египте.

Но необходим был более мощный удар, который бы отвлек силы Гитлера с Восточного фронта. 8 ноября 1942 года началась операция союзников «Торч» — высадка десанта в Северной Африке.

Сталин знал заранее от Черчилля о десанте и требовал удерживать Сталинград. А 19 ноября Красная Армия — спустя 10 дней после высадки союзников — начала наступление в районе Сталинграда.

В докладе разведслужб США в декабре 1942 года отмечалось: «Англо-американские успехи в Северной Африке сделали возможным русское наступление под Сталинградом».

Ничего нет особенного в том, что и во время Сталинградской битвы и во время Курской битвы союзники наносили удары по врагу — и, пользуясь тем, что он все возможное отправил на Восточный фронт, и с целью помочь Красной Армии путем отвлечения сил Гитлера.

Мы сами в начале 1945 года делали то же самое: наносили удар, чтобы облегчить положение англо-американских союзников, высадившись летом 1944 года во Франции, где к концу 1944 года немцы, собравшись, прорвали англо-американский фронт. Забрезжила страшная перспектива повторения Дюнкерка 1940 года, когда немцы сбросили в море английский десант в Европе.

Черчилль попросил Сталина о срочной помощи в обращении 6 января 1945 года. Сталин пообещал начать наступление во второй половине января 1945 года. Это обещание он выполнил раньше — уже 12 января Красная Армия начала наступление и, пользуясь тем, что Гитлер перебросил много дивизий на Запад, прорвала фронт и в невиданно короткие сроки — за три недели — прошла почти 500 километров, вышла на рубеж всего в 70 километрах от Берлина. Немцам пришлось забыть о Западном фронте.

Так что удивляться надо не тому, что союзники помогали друг другу, а тому, что о нашем ударе с целью облегчить положение союзников мы постоянно пишем и говорим, а вот о десантах союзников и в Африке, и в Сицилии с целью помочь Красной Армии в самые критические моменты забываем даже упомянуть.

Говоря о помощи союзников, нельзя забывать и о грандиозных бомбардировках Германии англо-американской авиацией. Эти бомбардировки не уничтожили военную промышленность Германии (как ожидалось). Многие немецкие предприятия пришлось перебазировать под землю. Многое было разрушено. Производство сократилось на 25-30%. А главное — было деморализовало население Германии, терявшее веру в непобедимость и Вермахта, и его авиации, и лидеров рейха.

**Хочется надеяться, что в дни юбилея Победы будет высказана благодарность в память тех тысяч американских и английских солдат, которые высаживались в десантах и во время Сталинградской, и во время Курской битв.**

### 3. 3. ПОЧЕМУ ЯПОНИЯ НЕ УДАРИЛА НАМ В СПИНУ

Существенную помощь нам оказали США тем, что связали руки Японии.

Сталин в конце 1941 года был уверен, что в 1942 году Япония нападет на СССР, попытается нанести удар в спину. И на Дальнем Востоке Сталин держал значительные силы.

Благодаря сообщениям Зорге стало известно, что в 1941 году Япония на СССР не нападет. Часть дивизий с Дальнего Востока перебросили под Москву. Но в 1942 году опасность не исчезла.

Однако Япония не напала — хотя соблазн был велик. Почему? Наши историки обычно приводят один довод: Япония не могла опомниться от 1939 года, когда на Халхин-голе Г. К. Жуков разгромил японскую Квантунскую армию.

Несомненно, этот разгром не мог не напоминать о себе японцам. И все же главное — в другом.

Дело в том, что в 1942 году США развернули на Тихом океане и тихоокеанских островах грандиозную морскую битву и выиграли ее.

Японии стало не до СССР — война подкатывалась к ней. Удар в спину СССР предотвратили США своим натиском на японцев.

Связывая японцам руки, продолжал войну с японцами на просторах Китая и Чан Кайши.

### 3. 4. О ВТОРОМ ФРОНТЕ

Проблема второго фронта — так называлась высадка англо-американских войск в Европе — была центральной в отношениях трех стран-союзников антигитлеровской коалиции.

Позиции сторон таковы.

Сталин считал необходимым немедленное открытие второго фронта.

Черчилль оттягивал это событие год за годом: обещал в 1942, затем — в 1943, фактически высадка войск союзников произошла только 6 июня 1944 года во Франции.

Позиция Рузвельта менялась. Генерал Эйзенхауэр настаивал на открытии второго фронта уже в 1942 году. Эйзенхауэр был по своему прав: чем скорее покончить с Гитлером, тем скорее СССР выступит против Японии, война с которой была тяжелой для США. Но точка зрения Эйзенхауэра не получила поддержки: Рузвельт присоединялся раз за разом к позиции Англии.

Позиция Сталина понятна: он хотел облегчить СССР ситуацию на фронте, на котором Гитлер, пользуясь отсутствием второго фронта, сосредоточил основные силы Германии. Это очевидный интерес.

Но был и другой интерес — пропагандистский. Когда в 1942 году немцы, по предположению Сталина вроде бы деморализованные разгромом под Москвой, начали гигантское наступление на юге страны, в сторону Сталинграда, Волги и в сторону Кавказа и Красная Армия вновь начала отступать, Сталин уже не мог объяснить стране это отступление фактором «внезапного нападения», как это он сделал в 1941 году. И он решил свалить вину за это отступление на отсутствие второго фронта.

Чем определялась позиция Черчилля? В нашей литературе господствует до сих пор объяснение самого Сталина: западные союзники хотели по максимуму ослабить СССР в войне с Гитлером.

Но если это и так, то надо ответить на другой вопрос — почему? Почему Черчилль хотел ослабить СССР? В ответе на этот вопрос — вся суть дела.

Что могло подталкивать Черчилля к открытию второго фронта? Прежде всего — опасность *сепаратного мира СССР и Германии*. Сталин в 1939 году уже заключил пакт о ненападении с Гитлером. Это могло повториться.

Но Сталин принял решение — никакого сепаратного мира. О нем я еще буду писать в последующих статьях.

Беда не в том, что он принял это решение. Дело в том, что о решении добить Гитлера узнал Черчилль. И — более того — убедился в том, что другого решения у Сталина не будет.

Черчилль был опытный политик. Как они беседовали со Сталиным на эту тему — неизвестно. Но ясно одно — Черчилль сумел выведать жгучее желание Сталина добить Гитлера. И перестал опасаться сепаратного мира. Страх перед сепаратным миром СССР и Германии вообще больше не давил на Черчилля в его размышлениях о втором фронте.

*Сталин сам — своим непоколебимым стремлением к уничтожению фашистской Германии — устранил у Черчилля серьезный мотив к быстрейшему открытию второго фронта.*

Был у Черчилля и другой мотив к формированию и открытию второго фронта: Гитлер победит СССР очень скоро и надо торопиться высадиться в Европе, пока в СССР связаны основные силы Вермахта.

Но и тут Сталин «помог» Черчиллю. Красная Армия несла огромные потери. Немцы захватили огромные территории. Но и страна, и армия продолжали сражаться.

Черчилль рассуждал так: если помочь оружием, техникой, снаряжением, продовольствием, то Сталин сможет продолжать войну даже после того, как огромные промышленно развитые районы СССР оккупированы. Хорошей помощи достаточно.

*Так что и фактор страха Черчилля перед скорым поражением Сталина — как мотив для скорейшего открытия второго фронта — устранил сам Сталин.*

Но все же самым главным доводом для Черчилля против скорейшего открытия второго фронта было *ясно выраженное желание Сталина в ходе войны вступить в Европу.*

Сталин не только хотел восстановить границу СССР по линии Керзона. С этим Черчилль мирился. Сталин не только хотел удержать все, что получил по пакту Молотова—Риббентропа. С этим Черчилль тоже в конце концов мог смириться. Но Сталин хотел большего: он хотел ликвидировать то, что называлось «санитарным кордоном» — систему враждебных СССР стран вдоль его европейских границ. «Кордон» создал Запад после первой мировой войны, чтобы остановить мировую революцию Ленина и Троцкого.

Сталин хотел установить в этих странах, начиная с Польши, как минимум дружественные СССР режимы. А затем, возможно, и советскую систему.

И тут Сталин опять-таки ухитрился раскрыть свои планы Черчиллю. Сталин только и говорил на всех встречах с Черчиллем и его представителями о подходе к послевоенному устройству Европы.

Начиная с первых же бесед с представителями союзников, во встречах с Черчиллем и Рузвельтом Сталин *меньше всего напоминал руководителя Отечественной войны русского и других народов СССР* против вторжения оккупантов, придерживающегося идеи дойти только до своих границ. Напротив, Сталин предстал перед союзниками как последовательный сторонник ленинского плана Мировой республики Советов, как продолжатель генеральной линии Коммунистического Интернационала, как претендент на самое активное участие в установлении послевоенных порядков в Европе и в Германии.

Стоит ли удивляться, что Черчилль хотел видеть партнера по устройству послевоенной Европы ослабленным и с умеренными претензиями?

Знал об этих послевоенных планах Сталина и Рузвельт. Когда на одной из пресс-конференций 23 января 1943 года его прямо спросили: «Остановится ли СССР, когда Красная Армия дойдет до границ СССР», — Рузвельт ответил: «Сомневаюсь, чтобы у Сталина было что-то подобное».

Итак, перед Черчиллем была очевидная ситуация: Сталин хочет вступить в Европу. И Черчилль сделал вполне логичный для себя вывод: во-первых, СССР должен оказаться в Европе максимально ослабленным и, во-вторых, надо постараться, как писал сам Черчилль Эйзенхауэру, чтобы «рукопожатие с русскими произошло как можно дальше на востоке».

Черчилль сознавал определенную противоречивость этих двух установок. Если стараться остановить Сталина «на востоке» Европы — то тянуть со вторым фронтом нельзя. Но если стараться ослабить СССР — то, чем больше тянуть, тем лучше. Черчилль был мастером политического маневрирования. Он искал баланс. Итогом поиска баланса и стали *три шестерки* — шесть часов утра шестого числа шестого месяца в 1944 году: дата высадки союзников во Франции.

Сталин мог пугать западных союзников сепаратным миром с Германией, повторением пакта 1939 года. Тем более, что мир с Японией уже у СССР был. Сталин мог скрывать свои планы вступления в Европу. Сталин мог не обсуждать на встрече в Тегеране послевоенное устройство мира и самой Германии. Тогда — скорее всего — вопрос о втором фронте Запад бы рассматривал иначе и открыл бы его гораздо раньше.

На каком-то этапе сам Сталин понял, что разглашение им союзникам своих планов — ошибка. И он пытался ослабить страх союзников перед его появлением в Европе разными мерами: распустил Коммунистический Интернационал и т. д. Но это было не то, что могло бы успокоить такого зубра, как Черчилль.

Конечно, и у Черчилля, и у Рузвельта было достаточно и других мотивов не торопиться с открытием второго фронта. Черчилль помнил 1940 год и неудачную попытку высадки десанта во Франции. Рузвельт, как он сам признался, не хотел жертвовать жизнями миллиона американцев ради реальных или мнимых интересов Англии в Европе. Был понятен и соблазн в первую очередь наносить удары по наиболее слабым участкам Гитлера: Северная Африка, Италия.

И все же главным и решающим было желание настолько ослабить СССР, чтобы в Европу пришел Сталин с очень умеренным аппетитом.

> Я хотел бы, чтобы в юбилейных докладах было подчеркнуто, что Сталин сам сделал все, чтобы настроить Запад на то, чтобы откладывать открытие второго фронта.
>
> Я хотел бы, чтобы в этих докладах было сказано: во сколько сотен тысяч, точнее, во сколько миллионов жизней советских людей на полях второй мировой войны обошлась нам эта ошибка Сталина во взаимоотношениях с союзниками по проблеме открытия второго фронта?

## 4. ПРАВДА О ПРЕДАТЕЛЯХ

### 4.1. ВГЛЯДЫВАЯСЬ В ТЕМНОТУ

Знакомясь с материалами Отечественной войны, я все чаще сталкивался с проблемой, которую определяли словом *«предатели»*.

Сначала все было четко и ясно: это те, кто предали свой народ в самое трудное для него время — в годы войны. Поэтому они даже хуже, чем *«враги народа»*, с которыми мы боролись долгие годы перед войной.

Но шли годы, и я все больше чувствовал, что погруженные во мрак, залитые одной и той же черной краской предатели требуют более детального анализа.

Из каких групп состояли предатели?

Сначала стало очевидно, что попытка Сталина считать предателями всех, кто попал *в плен* — шизофренический бред.

В плен попадали во время ранения, без сознания. В плен попадали потому, что на десять винтовок оставался один патрон: уже неделями не поступали боеприпасы. И вообще было много ситуаций, когда даже выполнить волю вождя и покончить с собой просто не было возможности.

В общем, из попавших в плен миллионов бойцов и офицеров — «добровольцев», как все больше выяснялось, было меньшинство.

Далее, я понял, что надо обязательно выделить среди предателей тех, кто пошел во время оккупации *работать* на немцев. Среди них были те, кто добровольно шел в разные оккупационные органы, но основную массу составляли те, которым надо было жить, кормить детей.

Стало ясно, что надо выделить и тех, кого немцы насильно *отправляли на работу* в Германию. Это сейчас стоят очереди за визами в Германию и для многих является мечтой получить там работу. А тогда — плач и горе.

Но даже к тем, кто добровольно работал в немецкой *администрации*, нельзя подходить однозначно. Одно дело — работать в учреждении. И другое дело — служить в полиции. Да и в полиции — одно дело — следить за порядком, другое дело — участвовать с оружием в руках в карательных операциях.

Особую группу составляют так называемые «добровольные помощники» — «*хиви*» (от начальных букв немецких слов die Hilfswilligen). Они работали на подсобных рабо-тах в армии, в авиации, на флоте. «Добровольность» тут была условная — большинство шли, спасаясь от голода и эпидемий в лагерях военнопленных.

Отдельно надо выделить предателей *националистов* из различных республик СССР.

Необходимо выделить русских *эмигрантов*, которые сотрудничали с немцами. Советскими гражданами они никогда не были и, соответственно, советскую власть не предавали. Такие эмигранты были и в Европе, и на Дальнем Востоке.

Особой группой среди предателей специалисты, изучавшие этот вопрос, считают *казаков* Дона, Кубани, Ставрополья.

И, наконец, были *русские*, которые взяли в руки оружие, чтобы воевать на стороне немцев. Наиболее известна Русская Освободительная армия (РОА), которую сформировал генерал-лейтенант Власов.

Но и среди тех русских, кто взял в руки оружие, надо выделять тех, кто никогда и нигде его не применял; тех, кто воевал в западноевропейских странах — с союзниками или партизанами, и, наконец, тех, кто стрелял в своих же, в русских, воевавших в Красной Армии.

Таким образом, у меня получилась довольно сложная по структуре картина тех, кого советская пропаганда называла общим словом «предатели».

Следующая проблема — *социальный состав предателей*. Были разного рода уголовники и криминальные элементы.

Были и те, кем двигали трусость, жажда наживы, неудовлетворенное честолюбие.

Были те, кто иначе не могли выжить.

Были те, кого немцы принудили.

Были и те, кто ненавидел советскую власть, боролся с ней, — противники социализма, в том числе из «бывших», т. е. из капиталистов, помещиков, кулаков.

Были и те, которых сделал своим врагом сам коммунистический режим: жертвы чудовищных репрессий, пыток, ложных обвинений.

И тут тоже передо мной возник целый спектр: от идейных противников сталинского варианта социализма до подонков-уголовников; от патриотов России до националистов, противников и СССР, и России; от образованных людей до примитивных «небокоптителей».

Мне очень помогли публикации послесоветской эпохи, например статья Е. Ф. Кринько «Коллаборационизм в СССР в годы Великой Отечественной войны и его изучение в российской историографии» (в журнале «Вопросы истории» № 11 за 2004 год).

Одни книги продолжают разоблачать и клеймить предателей — вполне по-сталински. Другие — особенно в странах, возникших на базе республик бывшего СССР, — нередко делают всех бывших предателей патриотами нации, борцами за независимость. Третьи видят в предателях врагов Сталина. Четвертые — и это очень важно — пытаются объективно разобраться в одной из самых сложных проблем Отечественной войны.

На базе материалов этих книг я и попытаюсь представить читателям некоторые материалы из книг, в которых делаются попытки выяснить правду о предателях (разумеется, такие книги издаются мизерными тиражами).

### 4. 2. СТЕПАН БАНДЕРА И ЕГО ОУН

По объему дезинформации и даже просто неправды, окружающих его, Степан Бандера может соревноваться разве что с генералом Власовым. Но если Власова еще можно обвинить в измене Сталину, то Бандера никогда и никому не изменял.

Он боролся за интересы своего украинского народа так, как он их понимал. А понимал он их просто: независимость, независимость и еще раз независимость — по-украински «незалежность»

Сын священника Андрея Бандеры. Отец арестован и расстрелян после захвата Красной Армией Западной Украины в итоге пакта Молотова—Риббентропа. Двух сестер НКВД сослало в Красноярский край. Два брата — Александр и Василий — погибли в 1942 году в немецком Освенциме. Третий — Богдан — был скорее всего убит немцами вследствие тайного приказа СС уничтожать бандеровцев без суда.

Прославился Бандера во время, когда Западная Украина была польской. Он убил министра внутренних дел Польши. Вся Украина считала польских лидеров предателями. Пока паны воевали с Красной Армией, они обещали Украине независимость. А потом заключили сделку: часть Украины идет СССР, а часть — Польше. Бандера, убив польского министра, стал героем Украины. За это он был приговорен к смертной казни и ждал ее много лет в польской тюрьме. После разгрома Польши

Германией в 1939 году вышел из тюрьмы. Расколол движение украинских националистов — ОУН — на два крыла. Одно было готово к сотрудничеству с Гитлером (его возглавил полковник Мельник). А сам Степан Бандера возглавил другое, радикальное, крыло.

Бандера тоже «крутил» с немцами и с Германией. Еще во времена Веймарской республики. И при Гитлере. Но он видел одну цель: независимость Украины.

Через несколько дней после вступления немцев во Львов он провозгласил независимость Украины и создал правительство независимой Украины.

Манифест о его создании был зачитан по львовскому радио: «Волей украинского народа Организация Украинских Националистов под руководством Степана Бандеры провозглашает восстановление Украинского государства, за которое сложили свои головы целые поколения лучших сынов Украины». Интересно, что по мнению бандеровцев, границы Украины должны доходить до Волги и Северного Кавказа, так как Кубань и Ставрополье населяют выходцы с Украины.

Но немцы считали, что они сами будут управлять и русскими, и украинцами, и белорусами без всяких там независимых государств. Немцы не видели смысла в создании независимого украинского государства, провозглашенного Бандерой. Нацисты рассматривали украинское антикоммунистическое движение как временного союзника. Гитлер в речи 16 июля 1941 года говорил: «Никогда нельзя позволять, чтобы кто-нибудь, кроме немцев, носил оружие!.. ни славянин, ни чех, ни казак или украинец».

25 ноября 1941 года органы СС и СД рейхкомиссариата Украины получили тайный приказ: «Неопровержимо доказано, что движение Бандеры готовит восстание в рейхкомиссариате, цель которого — создание независимой Ук-

раины. Все активисты движения Бандеры должны быть немедленно арестованы и после основательного допроса тайно уничтожены как грабители».

Уже с августа 1941 года началась подпольная антигерманская деятельность бандеровцев. Немцы тысячами арестовывали и расстреливали представителей ОУН.

Немцы посадили Бандеру в берлинскую тюрьму. Затем в концлагерь Заксенхаузен. Но весной 1945, когда гитлеровцы попали в тяжелое положение, в их руководстве появились лидеры, которые позволили развернуться генералу Власову. Они же позволили действовать и Бандере. Бандера выходит из лагеря и создает Украинское правительство и Украинскую национальную армию.

В 1944 году Бандера вышел из лагеря. Понял, что главным препятствием на пути независимости Украины теперь становится СССР. Начал борьбу со Сталиным. В 1954 году убит киллерами КГБ при участии Н. С. Хрущева в принятии решения об уничтожении Бандеры.

Через ряды бандеровской УНА (Украинская Независимая армия) прошло не менее 100 тысяч украинцев, которые — как пишет А. Гогун в книге «Между Гитлером и Сталиным» — отметились и на антинемецком и на антисоветском фронтах: «Именно бандеровцы не побоялись в одиночку бросить вызов двум сильным тоталитарным империям своего времени».

В советское время смешали в одну кучу и бандеровцев, и мельниковцев, и украинских полицаев, и украинскую дивизию «СС Галичина» (буквы «СС» к ведомству Гимлера отношения не имеют).

По данным ЦК КПСС, с 1944 по 1952 год арестованы 134 тысячи человек, убиты были 153 тысячи, высланы из пределов УССР 203 тысячи человек. Всего репрессировано, таким образом, до 500 тысяч. Чтобы оправдать эту войну с населением Западной Украины, чтобы из Украины выселять десятки тысяч семей, огульно решили приписать Бандере сотрудничество с гитлеровцами.

Последний командующий Украинской повстанческой армии Василий Кук говорил: «На военном фронте мы не смогли выиграть войну ни с немцами, ни с большевиками... Второй фронт был идеологический... это борьба закончилась тем, что сейчас у нас Украинское государство». Кстати, интервью с В. Куком недавно опубликовал «МК».

Итак, Бандера никогда и никого не предавал. Он служил своему народу так, как понимал интересы этого народа. Такова правда. Без этой правды, оставаясь в болоте советской пропаганды, нам в новой России никогда не понять ни авторитета среди населения Западной Украины движения Бандеры, ни вообще всей нынешней ситуации на Украине.

### 4.5. ДРУГИЕ НАЦИОНАЛИСТЫ

Сейчас некоторые считают, что СССР развалили в 1991 году. На самом деле в 91-м году состоялся заключительный акт многолетнего процесса. Сразу после начала войны, в 1941 году, представители *всех без исключения* республик Советского Союза начали сотрудничество с гитлеровской армией.

Украинцы. Прибалты. Националисты из тех автономий, которые оккупировали немцы. Националисты из тех республик, которые немцы не успели захватить.

Сначала *о прибалтийских союзниках* Гитлера. Тут надо выделить две категории.

*Первая группа* — это те национальные части трех государств, которые возникли на базе их прежних национальных армий. Солдаты и офицеры этих частей не только не были предателями своих стран, но, напротив, следовали присяге, данной своим государствам до прихода Красной Армии.

Вторая категория — части СС, сформированные немцами. Такие части были созданы в Латвии и Эстонии. В Литве в эсэсовскую дивизию никто вступать не захотел. Это была последняя капля, и литовцев фашисты объявили расово неполноценным народом. Немецким солдатам и офицерам в Литве были запрещены браки с местным населением (в Эстонии и Латвии это разрешалось).

*Вторую группу* националистов, сотрудничавших с гитлеровской армией, составили представители тех республик, которые немцы оккупировали: в Крыму, на Северном Кавказе, в Поволжье.

Именно народы этих республик Сталин потом репрессировал и выслал.

При этом бросалось в глаза, что чуть ли не *все автономии*, до которых дошли немцы, были объявлены Сталиным предателями: крымские татары, калмыки, чеченцы, ингуши, карачаевцы и т. д.

Такая вот получается история о том, когда начался распад СССР. Если следовать логике Сталина — уже в годы войны, по мере наступления немцев.

И, наконец, *третья группа* национальных соединений на стороне Гитлера — это представители *практически всех* республик Советского Союза, немцами не оккупированных. Нетрудно представить, что было бы, если бы немцы дошли до этих республик...

Пользуясь книгой Сергея Чуева «Проклятые солдаты», хотя бы назову эти части:

— шесть туркестанских рот, расширенных до Туркестанского легиона;

— казахский батальон «Алам»;

— Волжско-татарский легион. На 10 октября 1944 года в 12 полевых батальонах служили 11 тысяч татарских добровольцев (а еще в армии Власова — Кавказско-магометанский легион, в который входили соединения «Горец», «Альпинист» и другие;

— шесть азербайджанских батальонов;

— Армянский легион, в котором было восемь армянских батальонов;

— Грузинский легион, который состоял их четырех ба-тальонов, каждый из которых насчитывал по 800—1000 солдат и офицеров. Батальонам присвоили имена: «Георгий Саакадзе», «Давид Строитель», «Царица Тамара», «Илья Чавчавадзе». В 1942 году на сторону немцев в полном со-ставе в районе Чегема перешли 2 батальона Красной Ар-мии. Грузинские легионеры сражались на стороне немцев даже в Курской битве.

К августу 1943 года был сформирован Калмыцкий Корпус. В нем было не менее 5 тысяч бойцов, и он воевал против партизан Польши, Украинской Повстанческой армии и советских партизан.

С. И. Дробязко в работах «Восточные формирования в составе Вермахта» и других, определил общую численность туркестанских и кавказских частей на стороне немецкой армии в размере 150 тысяч человек, восточных батальонов и рот — 80 тысяч.

Но наиболее значительными по численности были части, состоявшие из русских. О них в следующей статье.

### 4. 4. АНДРЕЙ ВЛАСОВ

Долгие годы о Власове представления были краткие и ясные: предатель. Виктор Некрасов писал: «...Для нас, советских офицеров и солдат, «власовец» был враг. К тому же изменник».

Крестьянский сын, оставивший духовную семинарию и отказавшийся от карьеры православного священника, Власов вступил в Красную Армию. Красный командир. Военный советник Чан Кайши в Китае. Поклонник китайской философии. Награжден высшим китайским орденом. Орден уже от Сталина получил за то, что превратил известную расхлябанностью дивизию в образцовую. Один из главных героев обороны Москвы. Сталин приказал опубликовать в газете портреты нескольких генералов, отличившихся больше всех при обороне столицы. Среди них — Андрей Власов — вместе с Жуковым, Рокоссовским и другими. Командующий 2-й Ударной армией, которой было приказано прорвать блокаду вокруг Ленинграда. Но она сама оказалась в окружении. Попал в плен. В общем довольно обычная история для начала войны.

А вот потом началась другая история. Власов мог отсиживаться в лагере. Но он объявил себя врагом Сталина и попытался в Германии сформировать Русскую Освободительную Армию (РОА) из бойцов и командиров Красной Армии, оказавшихся в плену.

Во многих работах я встречал попытки разобраться в мотивах поведения Власова: страх перед Сталиным, ненависть к советской власти, высокое мнение о себе и т. д. Все это заслуживает внимания. Но меня интересует другое, более важное.

Почему генерал Власов нашел тех, кто был готов взять из рук немцев оружие? Почему он сам выбрал именно путь сотрудничества с немцами? Почему немцы согласились с ним?

Причем последний вопрос — для меня первый. Гитлер и нацисты объявили русских неполноценной расой. Ради ее порабощения начата война. А тут — оружие русским в руки? Вопреки Гитлеру?

Изучая литературные материалы, я быстро убедился, что ни Гитлер, ни его окружение в нацистской верхушке сначала о Власове и слышать не хотели. Гитлер прямо заявил, что он «не позволит Власову или другому русскому сесть на коня так, как Людендорф когда-то помог Пилсудскому и другим его польским товарищам».

Кто же тогда месяц за месяцем помогал Власову? Мы теперь знаем ответ: это были те патриоты Германии, которые готовили заговор против Гитлера. Среди них полковник граф фон Штауфенберг — тот самый, который принес бомбу Гитлеру в кабинет. Это ему В. Штрик-Штрикфельд, офицер германской армии, близкий друг Власова, сказал: «За Власова вам бояться не нужно. *Он никогда не пойдет на то, чтобы оказаться на буксире у СС и помогать коричневому диктатору занять место красного*» (цит. по книге В. Штрик-Штрикфельда «Против Сталина и Гитлера», переведенной на русский язык и не раз издававшейся за рубежом издательством «Посев»; курсив мой. — *Г. П.*). Среди тех, кто сочувствовал Власову, был и Гелен — будущий многолетний руководитель службы безопасности ФРГ.

Дело в том, что у части немецкого командования в их планах устранения Гитлера была и идея помочь тем русским, которые готовы бороться со Сталиным. Это для генералов-заговорщиков была вполне логичная позиция: если удастся здесь, в Германии, свернуть шею нацистам, надо будет начать другую политику в отношении России.

Власов был вполне согласен с немецкой оппозицией Гитлеру. Он считал бредом расовые теории гитлеровцев. Он был и против антисемитизма. Он говорил: «Сталин — не еврей! Палачи из ЧК и ГПУ Дзержинский и Ежов были не евреи! Берия, как и Хрущев, свирепствовавшие на Украине, не евреи. Наша борьба направлена против бесчеловечности Сталина и его палачей, безразлично, какой они национальности».

За что решил бороться Власов?

Штрик-Штрикфельд говорил Власову: «Фюрер, к сожалению, все еще окружен пораженными слепотой людьми. Но фельдмаршалы и крупные офицеры здесь, в Генеральном штабе, делают, что могут, в сторону ...пересмотра нашего отношения к русскому народу. Готовы ли вы сотрудничать с теми, кто хочет бороться против Сталина?».

Власов ответил: против Сталина — да. Но дадут ли мне «возможность выставить против Сталина русскую армию?». Не армию немецких наемников. А армию, которая «получает задание от национального русского правительства. Только высокая идея может оправдать выступление с оружием в руках против правительства своей страны...».

Власов призвал бороться против Сталина за свободную, независимую, национальную Россию. Власов говорил: «Гитлер боится завтрашней национальной России и проигрывает войну против Советской России уже сегодня...».

Вот откровенный разговор Власова с генералом Лукиным, тоже оказавшимся в плену. Лукин говорит, что он не верит в желание германского правительства освободить народы России. Лукин прямо спросил Власова: «Даны ли вам гарантии, что Гитлер признает и будет соблюдать исторические границы России?». Власов честно дает отрицательный ответ. На слова Власова: если «немецкие офицеры, которые нам помогают, все же добьются изменения политики?» Лукин ответил: «Тогда, Андрей Андреевич, мы, пожалуй, смогли бы и договориться».

А когда заговор против Гитлера был эсэсовцами потоплен в крови и тот же граф фон Штауфенберг героически встретил смерть, Власову пришлось искать других союзников.

Еще в 1943 году Гиммлер называл Власова «подмастерьем мясника» (т. е. Сталина). Он возмущался заявлением Власова: «Россию могут победить только русские». Шеф СС не знал того, что знал русский генерал Власов: это выражение принадлежит не ему, а Шиллеру.

А в 1944 году было уже не до расовых рассуждений. И Гиммлер — уже не считаясь с Гитлером — пошел на предложение Власова создать армию.

Перспектива сталинской победы, уже очевидная, заставила и Власова пойти на соглашение с лидером СС. Власов сказал, что Гиммлер «предложил мне занять должность главы правительства, но я сказал... это может решить только русский народ, а вернее, народы России...».

Почему Власов пошел на соглашение? С одной целью: создать свою русскую вооруженную армию и тогда «Русский Освободительный Комитет может сразу же начать действовать как суверенный и независимый орган». Власов считал, что если бы он успел создать десять дивизий — появилась бы база для переговоров с англо-американцами. Свой план Власов не успел реализовать.

Власов был повешен Сталиным. По-своему, Сталин был прав — Власов для него был самым опасным противником. Не случайно же Сталин в речи в 1945 году — скорее всего невольно — высказал свой главный страх в годы войны: «Иной народ мог сказать правительству: вы не оправдали наших ожиданий, уходите прочь, мы поставим другое правительство, которое заключит мир с Гитлером и обеспечит нам покой». В определенной ситуации Власов был бы первый кандидат на роль лидера новой России.

## 4. 5. ДРУГИЕ РУССКИЕ

Власов был своего рода символом. Но кроме Власов и его РОА были еще другие русские организации и военные, поддерживающие Гитлера и готовые сражаться на его стороне. Это — русские эмигранты. Далее — часть советских военнопленных. И, наконец, — казаки.

Сначала о *русских эмигрантах.*

Они оказались в сложной ситуации. С одной стороны, наконец появилась сила — Гитлер, начавший войну с СССР и способный свергнуть Сталина и его режим. С другой стороны, эта сила прямо и открыто заявила, что ее цель — уничтожить Россию и сделать русских людьми второго сорта.

В такой ситуации выделилась часть русской эмиграции, которая отказалась сотрудничать с гитлеровской Германией. Например, генерал Антон Деникин.

Однако Российский Общевойсковой Союз (РОВС) — главная организация военных-эмигрантов — предложил свою помощь Германии. Но Гитлер не видел смысла в союзнике, с которым надо будет делить победу над Сталиным, и РОВС получил отказ.

Но на деле в разных частях гитлеровской армии имелись части, состоящие из эмигрантов. Часто они привлекались гитлеровцами к борьбе с партизанским движением: в Югославии и в других странах. А среди взятых в плен в боях высадившимися во Франции англо-американскими частями немцев оказалось чуть ли не 10% «русских добровольцев».

Французское отделение РОВС уже в 1941 году зарегистрировало около полутора тысяч русских, желающих участвовать в войне на стороне Германии.

В Болгарии молодежная организация русских эмигрантов заявила о готовности вступить в борьбу с большевизмом.

Но наиболее крупной была организация эмигрантов в Сербии. Там русская колония насчитывала 10 тысяч человек. Был создан Русский охранный корпус под руководством генерал-лейтенанта М. Ф. Скородумова. В Русском корпусе было пять полков трехбатальонного состава, артиллерия, противотанковые и даже музыкальные подразделения. По разным данным, через Корпус прошло 12 тысяч человек. В декабре 1944 года Корпус подчинился генералу Власову.

Русские эмигранты на Востоке примкнули к японцам, ожидая их нападения на СССР. Там возглавлял эмигрантов атаман Г. М. Семенов, генерал-лейтенант. В январе 1945 года Семенов заявил о подчинении своего 60-тысячного войска генералу Власову и возглавляемому им Комитету по освобождению народов России.

Вторая группа русских военных частей на стороне Германии состояла уже не из эмигрантов, а *бывших советских военнопленных*.

Сначала эти части имели название Русская Национальная Народная Армия. Одеты они были в форму Красной Армии, но имели свои знаки отличия. Был в ней и свой священник — отец Гермоген. Уже в августе 1942 года РННА насчитывала 1500 человек, впоследствии ее численность выросла до 8 тысяч человек.

На фронте много русских было принято немцами в так называемые части «добровольных помощников» — «хиви».

К февралю 1945-го общее число советских граждан на немецкой военной службе составляло 600 тысяч человек в Вермахте, до 60 тысяч в военно-воздушных силах и 15 тысяч во флоте.

В-третьих, надо отметить различные *местные полицейские формирования*.

И, наконец, четвертая группа — *казачьи формирования*.

Казачьи формирования базировались и на казачьих эмигрантских объединениях, и на казачьих организациях, возникавших на оккупированных немцами территориях.

Еще 6 марта 1941 года казаки были объявлены не «унтерменшами», а *народом — союзником Германии*. Им разрешили создавать вооруженные части.

После оккупации Кубани немцы разрешили создать автономный казачий район. Именно на Кубани была разрешена ликвидация колхозов. К 1 октября 1942 года казачий район включал несколько административных районов.

В октябре 1942 года в Новочеркасске с разрешения немецких властей прошел казачий сход, на котором был избран штаб Войска Донского. Началось формирование казачьих частей для борьбы против Красной Армии.

Отступая с немцами под ударами Красной Армии, все казачьи соединения уже в Европе объединились в *Казачий Стан*. Было создано 11 казачьих полков по 1200 тысяч в каждом. Немцы передали им 20 тысяч комплектов немецкого армейского обмундирования.

Генерал Краснов, один из лидеров Казачьего Стана, не спешил присоединять казаков к Власову, пока тот «не докажет полную преданность Германии».

Общая численность Казачьего Стана на 23 октября 1945 года составляла 40 тысяч казаков, казачек и их детей.

Судьба Казачьего Стана трагична. Из английской зоны казаки были выданы СССР. Многие были расстреляны без суда. Многие осуждены на 25 лет лагерных работ, где и погибла большая часть из них.

В книге Сергея Чуева «Проклятые солдаты», из которой я почерпнул многие приведенные в этой заметке сведения, есть материалы и о других русских формированиях при Вермахте и оккупационной администрации.

Сколько всего граждан СССР служило Германии? В упомянутой статье Е. Ф. Кринько приведены подсчеты разных авторов. Наиболее обоснованными выглядят такие данные.

Всего с немцами сотрудничали 1,3—1,5 миллиона человек. В том числе на службе в Вермахте и СС от 900 тысяч до 1 миллиона человек. В их составе на вспомогательной службе — от 500 до 700 тысяч человек. Казачьи части — 55—60 тысяч человек. В полиции и других формированиях на оккупированных территориях — до 400 тысяч.

Данные можно уточнять, но общий вывод один — *никогда в русской истории такое количество русских людей не сотрудничало с врагом.*

**В докладах об Отечественной войне наших лидеров хотелось бы услышать, что это Сталин, советская власть, большевистская партия и госбезопасность довели сотни тысяч граждан своей страны до самого страшного в жизни человека — до готовности сотрудничать с врагом России. В Отечественной войне 1812 года в армии Наполеона *вообще не было* русских частей.**

### 4. 6. БЫЛИ ЛИ ЛЕНИН ИЛИ СОТРУДНИКИ РАДИО «СВОБОДЫ» ПРЕДАТЕЛЯМИ?

Вопрос о своих предателях пусть решают народы стран, ставших независимыми. А вот вопрос о Власове должны решить мы.

Главным для меня стал вопрос: кого и почему считать предателем?

Я жил в эпоху, когда сама советская власть — и в этом заслуга Н. С. Хрущева — реабилитировала почти всех «врагов народа», несмотря на то что она же многих из них объявляла ранее шпионами и предателями.

Я жил во время, когда благодаря М. С. Горбачеву были реабилитированы такие противники Сталина, как Бухарин, Зиновьев и другие.

Я живу теперь в послесоветской России, когда перестают быть предателями и противниками советской власти и видные эмигранты — тот же Колчак.

Так что для меня вопрос о предателях сама советская и послесоветская власть сделали далеко не элементарным.

Как сам Власов смотрел на свое предательство? Власов, прощаясь со своими товарищами говорил: «Джорж Вашингтон и Бенджамин Франклин в глазах Британской королевы были предателями. Но они вышли победителями в борьбе за свободу. Американцы и весь мир чествуют их как героев. Я проиграл, и меня будут звать предателем, пока в России свобода не восторжествует над советским патриотизмом... Когда-нибудь американцы, англичане, французы, может быть, и немцы будут горько сожалеть, что из неверно понятых собственных интересов и равнодушия задушили надежды русских людей. . . Андрей Андреевич Власов и его друзья любили свою родину и не были изменниками».

Впрочем, Власов мог бы обойтись и без примера из американской истории. Учитель Сталина — Ленин — лично выдвинул и лозунг «поражение своего Отечества», и немецкое золото принял. И хотя Ленина одна часть России обвиняла в предательстве, другая часть считала и считает это вполне нормальным — ведь идее социалистической России Ленин не изменял.

Так чем же отличается Власов от Ленина? Разве что тем, что Ленин сделал все сугубо добровольно, а Власов — уже в немецком плену. Ленин принял «помощь» Германии, воевавшей с Россией, а Власов пошел на сотрудничество даже не со всей Германией, не с Гитлером, а вначале с участниками заговора против Гитлера, а потом с оппонентами Гитлера из его хунты.

Почему же наша бюрократия так противится какой-либо нормальной оценке Власова?

Во-первых, чтобы уменьшить число претендентов на власть в новой России из кругов эмигрантов. Их — как тех же сотрудников радио «Свободы» советских времен — у нас по-настоящему никто так и не реабилитировал.

Во-вторых, нынешняя правящая номенклатура из рядов КПСС и КГБ никак не может объяснить себе, что же произошло в революцию 1989—1991 годов. Обидно признать, что тебя выгнали те, кого ты считал быдлом, навечно отданным тебе в подчинение. А вот идея того, что тебя победил более сильный противник, а ему помогали «предатели» — хороша. Так что без «предателей» наша бюрократия жить не может: ни в прошлом, ни сегодня.

В-третьих, нашей номенклатуре очень нужны «предатели» на будущее. И это, пожалуй, самое главное. Чем яснее становится тупиковость ее однопартийной демократии (если цены на нефть и газ будут падать, то тупик окажется пропастью), тем важнее иметь в запасе для борьбы с оппозицией такой «козырь» как «предательство».

Пока что наши платные политтехнологи опробуют прием на Украине: там, по их доносам все держится на предательстве. А накопив опыт, уже можно и в России развернуться...

Вот почему так важно отличать предательство и предательство. Предательство ради шкурных, низменных интересов, ради возврата утраченных привилегий и даже такое предательство, как у Андрея Бульбы, сына Тараса (у которого великое чувство — любовь к женщине — оказалось сильнее другого великого чувства — любви к Отечеству) от предательства ленинского, предательства по идейным соображениям.

Власов в тяжелейших условиях выступил против сталинского варианта России.

Да, в решающий момент своей истории русский народ, опасаясь утратить независимость, решил сражаться под знаменем сталинского режима. И победил. Но отказ от Власова обернулся для русского народа продлением почти на полвека коммунистической системы.

Поэтому я не могу ограничиться словами: «Власов — предатель». Я обязан уточнить и добавить.

Власов — генерал-лейтенант, герой обороны Москвы, попав — отнюдь не добровольно — в немецкий плен, выступил против Сталина и сталинского социализма и добивался ценой сотрудничества с оппозиционной Гитлеру частью германского командования другого, несоветского, будущего для России.

Мы можем считать Власова предателем, но мы не имеем права отказать ему в идейности и в том, что он задолго до нас понял, что будущее России не с социализмом Сталина.

Говорят, он — Власов — поднял руки «на своих». Но разве органы сталинской безопасности не подняли задолго до Власова руки «на своих»?

Говорят, он и его армия убили много честных советских людей. Но разве сталинская безопасность не перебила в десятки раз больше честных советских людей, чем власовцы?

Говорят, он помог врагам Родины. Опять-таки, кто больше помог врагам Родины — Власов или сталинские чекисты, которые перебили чуть ли не весь командный состав Красной Армии еще до войны?

И я хотел бы надеяться, что во время юбилейных торжеств по случаю Победы у наших лидеров найдется наконец достаточно совести, чтобы сказать правду и о генерал-лейтенанте Власове, который задолго до этих лидеров отверг советско-коммунистический строй.

# Часть II

# КАК СТАЛИН ПРИВАТИЗИРОВАЛ ПОБЕДУ НАРОДА

> *...слеза катилась,*
> *Слеза несбывшихся надежд,*
> *И на груди его светилась*
> *Медаль за город Будапешт.*
> М. Исаковский

## 5. «ГОЛОВУ ВОПРОСЫ МНЕ СВЕРЛЯТ»

### 5. 1. АРХИПЕЛАГ ВЕЛИКОЙ ОТЕЧЕСТВЕННОЙ ВСЕ ЕЩЕ ПОЛОН БЕЛЫХ ПЯТЕН

В предыдущих заметках я рассказал всего о четырех темах, требующих правды: репарации, дань номенклатуре, предатели и союзники.

Есть еще десятки белых пятен в истории войны и десятки зон, требующих правды.

Было бы ошибкой считать, что только неудобное для нашей номенклатуры так и не освещено светом правды. Есть очень и очень много белых пятен как раз в областях, традиционно обласканных вниманием номенклатуры. Например, подвиги наших солдат и офицеров. О них мы знаем в препарированном виде — как о том же подвиге панфиловцев.

*Подвиг народный* не мог не быть и шире, и глубже, и масштабнее, чем его отмечает номенклатура.

Так что перед теми, кто хочет посвятить себя благородному делу раскрытия народного подвига, — огромное поле работы и хочется пожелать им успеха.

Ну а тех белых пятен, которые не хотела вскрывать старая коммунистическая номенклатура и нынешние российские наследники ее «славных традиций», — еще целое море.

Вот вопрос *о судьбе политических заключенных* в советских тюрьмах, оказавшихся в районах немецкого наступления. О вожде российского крестьянства, лидере лево-эсеровской партии Марии Спиридоновой известно лишь то, что чекисты ее расстреляли в Орловском централе в 1941 году. Известно, что ей завязали рот перед тем как зачитывать решение о расстреле — так панически боялась эту славную дочь русского народа коммунистическая бюрократия. Но до сих пор не найдена ее могила, нет на ней памятника одному из вождей Октября — ведь среди штурмовавших Зимний дворец большевистские части составляли всего треть, а треть были левые эсеры и еще треть — анархисты.

А сколько других расстрелов «политических», о которых мы вообще не знаем? В справке о реабилитации арестованных была традиционная запись: умер до войны. Потом уточнили: умер то ли в 1941, то ли 1942 году. Умер или расстрелян? Сколько зэков уничтожили голодом, а то и просто заморозили в ГУЛАГе? Сколько расстреляли?

Или *о выселении народов*. Операция считалась хорошо организованной. Участники получили *боевые ордена*, и кое-кто трясет ими на митингах и сегодня. А я обнаружил в историческом журнале информацию о том, что из высокогорных аулов Чечни Хайбах, Дзумой и других вывезти — из-за непогоды — чеченцев не удалось и войска НКВД сгоняли взрослых и детей в сараи, поджигали их и расстреливали людей.

*За чекистские подвиги по выселению народов ордена ни у кого в стране не отобрали.* Видимо, нынешние номенклатурщики думают так же, как и их советские предшественники.

Важная тема, требующая правды — *о вкладе колхозно-совхозного строя в победу*. Я читал работы, где авторы дошли до того, что заявляют: без коллективизации мы войну бы не выиграли. Советская логика: все страны кормили себя без коллективизации, а вот мы без нее в войне бы не победили.

То, как умирала с голода наша колхозная деревня, я видел сам — сначала в Сибири, а потом на Дону и Украине. А вот потоков колхозного продовольствия на фронт не помню. Нечего было посылать — при всем желании. Не было в МТС для колхозов ни техники, ни горючего. А в колхозах не было ни мужчин, ни лошадей.

Так что давно надо сделать точную сводку. Сколько продовольствия потребила страна. Сколько из этого объема дал колхозно-совхозный строй. И сколько привезли нам союзники. Для удобства сделать расчет в калориях.

И тогда окажется, что советский колхозный строй обрекал страну на голод в 1941—45 годах так же, как он обрекал ее на ввоз хлеба из-за границы и во время славной целины, и все годы потом. Тезис о колхозах, которые спасли страну, нужен тем, кто хочет спасти сталинскую коллективизацию.

Есть еще много «белых пятен». Но я с каждым годом чувствовал, что правды о белых пятнах ГУЛАГа недостаточно. Остается еще что-то, более важное и более фундаментальное.

### 5. 2. БЕРЛИНСКАЯ ОПЕРАЦИЯ

Недоумения у меня прежде всего вызвала та самая Берлинская битва, которая была объявлена вершиной сталинского военного искусства. Фильм «Падение Берлина» еще более усилил мои недоумения.

Прежде всего: о Знамени Победы. Я читал, что знамена были у каждой роты, которая участвовала в штурме рейхстага. И было установлено на рейхстаге много знамен.

Но Сталин требовал, чтобы Знамя Победы подняли те, кому он это поручил, чтобы

> два верных сына —
> русский сын и сын грузина —
> водрузили красный флаг.
>
> С. Михалков

Далее я узнал, что весь мир празднует день Победы 8 мая, на следующий день после подписания капитуляции. На нее представители СССР вроде бы не явились.

Сталин потребовал повторного подписания. 9 мая. На него не явились уже командующие армиями союзников: стыдно было участвовать в спектакле. Да и тот, кто подписывал акт со стороны немцев, фактически не был на это официально уполномочен.

Далее, Сталин устраивает новый скандал: он не приедет на совещание в Потсдам, пока Красная Армия не вступит на все территории, ранее предназначенные в Германии СССР, но которые пока заняты союзниками.

Был как-то объясним интересами войны спектакль в Кремле с повторением речи 7 ноября 1941 года. (Интересно, мы вроде бы должны теперь его отмечать?) А как объяснить спектакли конца войны — начиная со Знамени Победы — уже типичные для сталинского режима пропагандистские акции, отражавшие и сталинский произвол, и явно овладевавшую им манию величия.

Неужели ради этих сталинских спектаклей, думал я, погибли 80 тысяч наших бойцов — по официальным данным — при штурме Берлина?

Потом я не раз обращал внимание на то, что американские части наступали на Берлин почти что беспрепятственно и почти что без потерь. Они уже дошли до Эльбы. Но их останавливает генерал Эйзенхауэр. Он категорически отвергает призывы Черчилля и Монтгомери брать Берлин.

14 апреля 1945 Эйзенхауэр остановил и наступление англичан на Берлин. Впрочем, как пишет К. Райан в книге «Последняя битва», вторая дивизия американцев чуть было не ворвалась в Берлин, несмотря на все запреты Эйзенхауэра.

Когда-то — в сентябре 1944 — Эйзенхауэр считал, что Берлин — главный трофей. Теперь он от него отказался. Вряд ли Эйзенхауэра могли сбить с толку лживые заверения Сталина в личном обращении к нему: «Берлин более не является главной военной целью». Эйзенхауэр не мог не знать о грандиозной концентрации сил Красной Армии перед Берлином. И если он отказался от Берлина, то в силу, скорее всего, двух обстоятельств.

Первое — немцы. Они давно не вели боев с союзниками, но в Берлине могли драться. И, как сказал генерал Бредли: «Сто тысяч жизней американских солдат — слишком большая цена за город, который придется отдать другим».

Второе — СССР. Эйзенхауэр знал о маниакальном желании Сталина взять Берлин и не хотел обострять отношений с ним в первые же дни Победы и перед заключительным этапом войны с Японией.

Сталин сосредоточил такие силы, чтобы в Берлине обеспечить трехкратное превосходство Красной Армии. Сталин, далее, создал острую конкуренцию между Жуковым и Коневым в вопросе о том, кто возьмет Берлин. Сталин приказал образовать прочное кольцо вокруг Берлина, лишая немцев всякой возможности уходить на Запад. Это его решение определило, что битва за Берлин не могла не стать исключительно кровавой с обеих сторон.

И мне тоже было непонятно: зачем такой страшной ценой брать город, который на 3/4 перейдет под контроль союзников? Момент возможных потерь останавливал генерала Бредли, но почему-то не волновал Сталина.

В общем, говоря словами В. Высоцкого, «голову вопросы мне сверлят».

Мне все больше становилось ясно, что битва за Берлин — это не окончание второй мировой войны, а *начало третьей*: и холодной, и в перспективе — горячей.

А вот наша пропаганда продолжала вбивать в меня идею *военной* важности берлинского сражения. Дошло до смешного: где-то прочел — если не возьмем Берлин, то Гитлер сделает то же, что и мы под Москвой — выстоит и начнет «обратный отсчет». Прочел и другое обоснование необходимости берлинского сражения — из-за опасности сепаратного мира Гитлера с союзниками, который на этом этапе войны был бы для союзников только минусом.

Ни концепция опасности контрнаступления, ни концепция опасности сепаратного мира реальной перспективы не имели и питали разве что фантазии Юлиана Семенова в фильме «Семнадцать мгновений весны».

### 5. 3. НАРАСТАЮЩИЙ ВАЛ ВОПРОСОВ

Вслед за новым пониманием смысла берлинской операции (точнее, вслед за выяснением истинного смысла этой битвы) я скоро понял, что не только берлинское, но и некоторые другие сражения конца Отечественной войны *подлинного военного значения* не имеют.

Прежде всего — освобождение Варшавы. Сталин ждал неделями, пока гитлеровские части перебьют всех участников восстания, которое польское правительство в Лондоне подняло — несомненно с согласия англичан, — чтобы взять столицу, создать свое правительство, сорвать планы Сталина в отношении Польши. Тут тоже была чистая политика, оплаченная, правда, не кровью Красной Армии, а польских патриотов.

А вот штурм Кенигсберга наша армия оплатила сполна: сотни тысяч убитых и раненых. И опять у меня вопрос: зачем гибли наши бойцы и командиры за несколько недель до окончания войны? Разве нельзя было повторить нечто вроде немецкой блокады Ленинграда — окружить Кенигсберг и ждать окончания войны в Германии, которое привело бы и к капитуляции кенигсбергской группировки?

Но Сталин жизни своих бойцов не считал и не жалел — ему важно было *самому* взять как можно больше, — чтобы его счет западным союзникам на оставшееся имел бы большой вес. В частности, его претензии на Восточную Пруссию подкрепил тот факт, что эту территорию уже заняла Красная Армия.

Ну а ввод войск в Болгарию, ни один солдат которой с нами на фронте не воевал? Какая тут была военная необходимость? Политически все ясно, а вот с военной точки зрения?

И здесь Сталина не устраивал такой конец войны, при котором сама Болгария будет сводить счеты со своими фашистами и строить новое государство. Ему нужна была не Болгария вообще, а та, которая соответствовала его планам и которую — это он чувствовал — без присутствия его войска на ее территории (плевать на расходы и жертвы!) ему не получить.

Зачем Сталину была нужна Восточная Европа? Мало было земель у СССР? Разве они не требовали долгих лет напряженного труда по восстановлению? И размещение сотен тысяч солдат и офицеров Красной Армии за рубежом, отрыв их от труда облегчали это восстановление или затрудняли его?

А неизбежные затраты на насаждаемые им правительства в занятых Красной Армией странах — прежде всего в виде поставок зерна — облегчали или обостряли ситуацию в СССР?

Я помню, как воспринимали колхозники в донских станицах и хуторах сообщения о решении СССР оказать помощь хлебом то румынам, то еще кому-то...

Я все яснее понимал, что мои частные вопросы все больше сводятся к какому-то исходному, главному.

Я всегда любил блестящую мысль Ленина о том, что тот, кто берется за решение частных вопросов без предварительного решения общих, — тот неизбежно на каждом шагу будет натыкаться на эти общие вопросы.

Что лежит в основе всех моих частных вопросов? Я сделал для себя давно назревший вывод: Сталин действует *везде исключительно логично и последовательно* —

если исходить из его главной идеи: *войти в Европу и начать утверждать в ней свой, сталинский, социализм.*

Эта идея была абсолютно логична для него, марксиста-ленинца. Но абсолютно чужда идее Отечественной войны русского и союзных с ним народов против немецких захватчиков. Русский народ поднялся на защиту своей земли, *а его втянули в войну за захват других стран, за утверждение в них социализма.*

Сталинские идеологи и их нынешние ученики всячески уходили и уходят до сих пор от главного:

**Берлин и вся война на территории Германии, и вообще вся война за границами СССР были первой битвой Сталина с бывшими союзниками, а вовсе не завершением войны.**

**И знамя Победы — атрибут этой самой новой битвы, а не итог победы во второй мировой.**

Грузин, участвующий в водружении знамени, должен был символизировать право Сталина возглавить эту новую войну за мировой социализм.

И немецкие знамена бросались на Параде Победы на Красной площади *именно к ногам Сталина*, точнее, ради его планов по новой войне и чего-то еще, это надо анализировать.

Возможно, я бы так и не решился на формулировку этого вывода — если бы... Если бы не один из моих великих учителей — Лев Николаевич Толстой. Об этом — в следующей статье.

## 6. УРОКИ ОТЕЧЕСТВЕННОЙ ВОЙНЫ 1812 ГОДА

У меня как-то само собой сложилась привычка раз в десять лет полностью перечитывать книги, оказавшие на меня особое влияние. «Война и мир» — одна из них. Вот и однажды — перечитывая Л. Н. Толстого — я вдруг обратил внимание на то, насколько трактовка главных проблем 1812 года Львом Николаевичем дает мне ключ к новому пониманию Отечественной войны 1941—45 годов.

### 6. 1. НАРОД

Андрей Болконский воспользовался указом вступившего на путь реформ Александра I о вольных хлебопашцах и одним из первых в России перевел свое имение на новые условия. Казалось бы, его крестьяне должны были бы быть благодарны барину.

Но вот наступает 1812 год. Село Богучарово. Кто-то привез прокламации Наполеона: за все французская армия будет платить. А вот отступающие казаки из русской армии разоряют деревни.

Толстой — реалист. Правда для него важнее всего. Он пишет, что крестьяне «имели какие-то сношения с французами, получали какие-то бумаги». А один мужик даже взял у французов сто рублей ассигнациями вперед: за будущие поставки им сена.

Поэтому, когда княжна Марья начала убеждать крестьян ехать с нею, сход Богучарова решил *«не вывозиться и ждать»*. Ни обещания княжны отдать им уже взятый у них в качестве оброка хлеб, ни посулы обеспечить их на новом месте не помогли. Даже ссылка на грозный царский приказ — «*с неприятелем не оставаться*» — не подействовала.

Крестьяне заявляют*:* «*Вишь, научила ловко, за ней в крепость поди!*» (здесь и далее курсив в цитатах мой. — *Г. П.*).

Позиция крестьян ясна: барыня хочет их взять в другое имение и оставить крепостными. А вот французы — по слухам — отменят эту самую «крепость».

И только арест Николаем Ростовым, случайно оказавшимся в Богучарове в поисках сена, старосты Дрона и неформального лидера Карпа, позволил Болконской уехать. Крестьяне же остались ждать французов.

Как видим, по Толстому, русские крестьяне вначале меньше всего думали об Отечественной войне с захватчиками. На бескомпромиссную борьбу были настроены русские дворяне, хорошо знавшие о том, что Наполеон отменил в Италии феодальные порядки. Князь Андрей говорит Пьеру Безухову: «...Я бы не брал пленных... Французы разрушили мой дом и идут разрушать Москву, оскорбили и оскорбляют меня всякую секунду. Они враги мои, они преступники по всем моим понятиям...».

Когда же война с французами стала войной народа, Отечественной? И почему?

Толстой пишет о Смоленском сражении, где, по словам князя Андрея, «мы *в первый раз* сражались так за Русскую землю, что там был такой *дух*, какого никогда *не видел*». Затем — Бородино, где на французскую армию «была наложена рука *сильнейшего духом* противника». Затем — уход из Москвы.

Но это — события. А что за ними стояло?

Москве Наполеон предложил Конституцию и муниципальное управление. Ремесленников и мастеровых Наполеон призывал вернуться «к своим рукоделиям». Крестьянам рекомендовал возвратиться в свои избы. И «в отношении благотворительности... Наполеон тоже делал все, что от него зависело».

Но москвичи, как выяснилось, должны повиноваться не своему самоуправлению, а «военным и гражданским начальникам». При этом «городская полиция учреждалась по прежнему порядку».

Наполеон так определяет — по Толстому — *цели своей войны*: «...Я не хотел и не хочу воевать... я вел войну *только с политикой Двора*... я люблю и уважаю Александра».

И русское крестьянство поняло: Наполеон враг не дворян, даже не двора, а только кого-то при дворе. И в дополнение к своему барину оно получит еще и французского.

Толстой делает блестящий вывод: «...Все эти распоряжения, заботы и планы... *не затрагивали сущности дела*, и как стрелки циферблата в часах, отделенные от механизма, вертелись произвольно и бесцельно, не захватывая колес».

Того главного, решающего, что несла французская армия в Европе на знаменах Великой французской революции — *отмену феодализма* — *Наполеон в России не обещал*.

И народ ответил своей народной войной. Степень ее жестокости определилась среди прочего и обманутыми упованиями и надеждами крестьян. «Трудолюбивых ремесленников не было, а крестьяне... ловили комиссаров, которые слишком далеко заезжали... и убивали их».

Со времени вступления неприятеля в Смоленск началась партизанская война. И хотя в ней преобладали отряды, созданные дворянами, у Дениса Давыдова, отряд которого первым был учрежден 24 августа 1812 года, «самым полезным и храбрым человеком» был крепостной крестьянин Тихон Щербатый из Покровки под Бокатью.

*Отечественной, народной войну сделали русские крестьяне* — те самые, которые вначале не хотели отступать вместе со своими хозяевами, а теперь шли в партизанские отряды под начало своих бар-дворян для общей борьбы с врагом.

Вот к какому выводу подвел меня Лев Николаевич, а его самого к такому выводу привела его великая писательская правдивость.

### 6. 2. КУТУЗОВ

Постараюсь и здесь остаться в пределах текста и, главное, точки зрения Толстого.

Толстой — великий сын русского народа, великий патриот своей страны, *нашел в себе мужество пойти против всех точек зрения* — и тогдашних, и, к сожалению, сегодняшних (тоже перешедших к нам в качестве сталинского наследства) взглядов.

«Кутузов знал не умом, а всем русским существом своим, знал и чувствовал то, что чувствовал каждый русский солдат, что французы побеждены, что враг бежит и надо выпроводить их; но вместе с тем он чувствовал, за одно с солдатами, всю тяжесть этого неслыханного по быстроте и времени года похода».

Кутузов не как полководец, а как русский человек, понимал масштаб потерь страны. Он поэтому считал, что «бессмысленно было терять свои войска для уничтожения французской армии... бессмысленно было желать взять в плен императора, королей, герцегов».

Кутузов считал, что «все наши маневры не нужны», что «с чем-нибудь надо прийти на границу, что за десять французов я не отдам ни одного русского», «что люди без сапог», «что надо подождать провианта».

По мнению Кутузова — полностью одобряемому Толстым — «Русская армия должна была действовать, как кнут на бегущее животное. И опытный погонщик знал, что самое выгодное держать кнут поднятым, угрожающим, а не по голове стегать бегущее животное». И стремление навязывать сражение отступающему врагу было «подобно плану огородника, который, выгоняя из огорода потоптавшую его гряды скотину, забежал бы к воротам и стал бы по голове бить эту скотину. Одно, что можно было бы сказать в оправдание огородника, что он очень рассердился».

Высшей степени разногласия Кутузова с императором Александром достигли тогда, когда русская армия вышла к границе России.

Кутузов четко заявил — «тем заслуживал немилость государя... что *дальнейшая война за границей вредна и бесполезна*» (выделено Л. Н. Толстым. — *Г. П.*). Кутузов один настаивал на том, «чтобы не давать сражений, не начинать новой войны и не переходить границу России».

Кутузов думал не о тронах монархов Европы, а о необходимости отстраивать сожженную Москву, восстанавливать крестьянские деревни и барские имения, поднимать Россию.

Но император, двор и командование армии по разным мотивам хотели *уничтожить* Наполеона. «Война 1812 года кроме своего дорогого русскому сердцу народного значения, должна была иметь другое — европейское».

Кутузов «не хотел понимать этого и открыто говорил ...что новая война не может улучшить положения и увеличить славу России...».

«При таком настроении, фельдмаршал естественно представлялся только помехой и тормозом предстоящей войны». «Война за восстановление границ», как тогда говорили, означала — за восстановление тронов и их границ в Европе — то есть за дело, абсолютно чуждое русскому народу, но дорогое и близкое русскому императору.

Толстой с беспощадной правдивостью пишет о том, что Кутузов со своей позицией был *один*: «Слова, сказанные Кутузовым, едва ли были поняты войсками».

Величие Отечественной войны 1812 года в том, что нашелся *уже в годы войны пусть один, но противник ее переноса за границу*. И Толстой сосредоточивает *именно на этом* наше внимание.

«Представителю русского народа, после того как враг был уничтожен, Россия освобождена и поставлена на высшую степень своей славы, русскому человеку, как русскому, делать больше было нечего. Представителю народной войны ничего не оставалось, кроме смерти. И он умер».

### 6. 3. СЛЕДУЯ ЛОГИКЕ ТОЛСТОГО

Итак, я для себя полностью уяснил главную идею взглядов Толстого на войну 1812 года: *война была Отечественная, пока она шла до границ России и пока в ней добровольно участвовал народ.*

Я сказал «уяснил», хотя строго говоря «уяснять» ничего не требуется — Толстой свой вывод постоянно повторяет и подчеркивает. И если я раньше его не замечал, то это итог огромных усилий и дореволюционных, и современных комментаторов. Меня всеми способами «оттягивали» от идеи Льва Николаевича — вплоть до того, что в школе предлагали темы сочинений о чем угодно: о Платоне Каратаеве, о Безухове и т. д. — только не об этом главном выводе Толстого.

Почему? До революции — чтобы оправдать Александра I, отвергнувшего концепцию Кутузова. После революции, в советское время — из-за очень уж заметной и «опасной» для руководителей аналогии между нашей войной с Гитлером и войной России с Наполеоном.

И там, и там — сначала равнодушие народа (если не сказать больше) в его отношении к нашествию, явное нежелание выполнять указы об уходе и «выжженной земле» после себя.

И там, и там — радикальное изменение отношения народа к войне после того, как стали очевидны планы Наполеона и Гитлера.

Но главное — и там, и там — это решение «продолжить войну за границей» (Александр) и «добить врага в его логове» (Сталин).

Поразительно, что Александр I и Сталин даже слова употребляют схожие. Александр I говорит офицерам: «Вы спасли не только Россию, вы спасли Европу». Сталин в приказе 1 мая 1945 года пишет: «Мы должны вызволить из немецкой неволи наших братьев — поляков, чехословаков и другие союзные с нами народы Западной Европы».

Цели, правда, совершенно разные. У Александра — утвердить в Западной Европе монархии и восстановить их границы. У Сталина — утвердить советский вариант социализма в Восточной Европе.

Ради этого в обоих случаях Россия обречена на огромные человеческие и материальные жертвы при продолжении войны.

Кое-что Россия в результате похода в Европу приобрела — подтвердила контроль над «своей» частью Польши, взяла «под скипетр» Финляндию и т. д.

Но за освобождение Европы от Наполеона Россия могла потребовать согласия на включение в нее славянских земель Европы — Сербии, Чехии, Словакии, прусской и австрийской частей Польши, да и православной Греции.

Но Европа, опасаясь укрепления России, сумела вытолкнуть ее из Европы, предложив ей Кавказ и сделав Турцию плательщиком долгов Европы России.

Тем не менее Александр I «заглотил» эту наживку. Россия бросила славян и отправилась завоевывать мусульман. Россия отказалась от векового курса на «окно в Европу» и отправилась в горы и ущелья Кавказа. Из мира цивилизации в мир родоплеменной. Где и провоевала тридцать лет, ожесточаясь до уровня горских бойцов и утрачивая черты первоклассной армии Европы, созданной усилиями Петра и Екатерины.

Сталин, конечно же, изучал опыт войны 1812 года. Он не раз говорил подчиненным, что ошибка Александра I — уход из Парижа. Сталин решил никуда не уходить. Такой урок извлек из опыта прошлого. Только вот Толстого и Кутузова, «Войну и мир» он или не понял или не захотел понять: народная война должна закончиться на русской границе.

Дорого заплатила Россия за решение Александра I стать спасителем феодальной Европы. Заплатила, причем сразу — выдворением из Европы. И потом, после — тридцатилетней войной с народами Дагестана и чеченцами на Кавказе. Ее армия оказалась не в состоянии вести бои с настоящими армиями и проиграла Крымскую войну.

Толстой сам храбро участвовал и в войне на Кавказе, и в обороне Севастополя. И он имел полное моральное право как одобрить концепцию Кутузова, так и отвергнуть план Александра I, состоявший в том, чтобы Россия, вместо того чтобы устраивать собственные дела, отправилась устраивать дела Западной Европы.

Возможность реформировать свою страну была утрачена. Напротив, народная победа в Отечественной войне 1812 года имела итогом выдавливание России из рядов передовых стран Европы для навязывания стране идеологии «православие—самодержавие—народность», для казни декабристов, для расправы с Достоевским и другими петрашевцами, для утверждения в стране Собакевичей, Ноздревых, Сквозник-Дмухановских, Хлестаковых, Коробочек, Угрюм-Буруевых и всяких там помпадуров, господ ташкентцев, молчалиных и других героев «темного царства».

**Народная война 1812 года и народная победа над захватчиками стали оправданием продления крепостного гнета еще на пять десятилетий.**

## 7. ПЕРВАЯ ВОЙНА СТАЛИНА: ПОРАЖЕНИЕ

*Ленин создал наше государство,
а все мы его проср...ли!*

И. В. Сталин

### 7. 1. СИЛЬНЕЙШАЯ В МИРЕ АРМИЯ

Предстоящая война, как отмечал генерал Волкогонов, полностью отвечала идее мировой пролетарской революции или, как более точно выразился Ю. Н. Афанасьев, идее «насаждения коммунизма в Европе».

О войне с капиталистическим окружением в СССР говорили с первых же дней после окончания гражданской.

Эту войну ждали: не могли два строя ужиться на нашей планете.

К этой войне готовились:

> Если завтра — война,
> Если завтра в поход, —
> Будь сегодня к походу готов!

Эту войну готовили по всем линиям — политической, экономической, идеологической.

Ради победы в ней беспощадно карали всех реальных, потенциально возможных и мнимых врагов: и из враждебных классов, и среди рабочих и крестьян, и в своей партии, и в самом руководстве страны.

Коллективизация, индустриализация, культурная революция прежде всего мотивировались интересами предстоящей войны.

В мирное время — не на год, не на пять, на десятилетия — страну превратили в военный лагерь. Годами держали потребление трудящихся на минимальном уровне, часто — по карточкам. Грабили природные ресурсы страны. Вывозили на зарубежные аукционы ее культурные ценности.

В этой войне видели оправдание и всех трудностей, и своей собственной жестокости.

Для будущей победы пытались вложить в карманы партийные билеты и Пушкину, и Александру Невскому, и Петру Первому и даже Ивану Грозному.

Все — ради будущей победы, которая станет наконец пропускным билетом в светлое будущее, которое пока что так и не наступило, несмотря на победу революции.

Даже в Интернационале были слова о «последнем, решительном бое».

Гигантское напряжение сил гигантской страны не могло не дать результатов. К 1941 году у Сталина были все основания считать, что в войне со старым миром победа будет за ним. К 1941 году Красная Армия стала *сильнейшей армией нашей планеты*.

Ее численность измерялась миллионами, и еще миллионы в кратчайший срок можно было мобилизовать. Так что проблема была в другом: как их вооружить.

Вот данные из книги М. Мельтюхова «Упущенный шанс Сталина».

Перед началом войны 1941 года СССР имеет 26 тысяч танков — больше чем Германия со всеми ее союзниками: Финляндией, Румынией, Венгрией, Италией, Словакией, Испанией.

СССР имел 20 тысяч боевых самолетов — опять больше всех.

У Красной Армии было почти 120 тысяч орудий и минометов.

Это в целом. Но и там, где ожидалась схватка, на западных границах страны, соотношение было следующим.

У нас 16 тысяч танков, а у Германии — 4 тысячи. Превосходство в 4 раза!

У нас — 11 тысяч боевых самолетов, у Германии — 5. Превосходство в 2 раза!

У нас орудий и минометов 60 тысяч, а у Германии — 40. И здесь превосходство в 1,5 раза!

Единственное, в чем Германия нас превосходила — численность вооруженных сил на границе. У Германии к 22 июня 1941 года 4,3 миллиона против 3,3 миллиона у нас. Но тут Сталин не волновался: мобилизация за неделю изменила бы соотношение.

Война планировалась Сталиным как наступательная. Выступая 5 мая 1941 года — за полтора месяца перед началом войны — перед выпускниками военных академий, Сталин сказал, что нам надо быть готовыми к тому, чтобы «безусловно разгромить германский фашизм». В проекте директив Главного управления политической пропаганды Красной Армии на 1941 год речь идет о ведении «справедливой наступательной и всесокрушительной войны» и при этом — «на территории врага».

В апреле 1941 года был заключен мирный договор о ненападении с Японией. Как отмечал Молотов, провал целей перелета партийного друга Гитлера Гесса в Англию говорил о том, что Гитлеру не удается заключить с Англией хотя бы перемирие. *Гарантии мира для нас на востоке и гарантии того, что Гитлеру придется продолжить войну на западе, были налицо.*

Историки много исследовали вопрос о начале войны с Германией и все больше приходят к выводу, что не только вообще (это само собой разумеется), но и конкретно в 1941 году Сталин уже предполагал начать войну с Гитлером. Скорее всего, после середины июля 1941 года.

Ничего особого в этом нет. Если генеральное решение о неизбежности войны существует, если стратегический план войны уже готов, то почему не использовать благоприятный момент — прежде всего проявляемую Черчиллем решимость продолжать войну Англии с Гитлером. Опять же Молотов прямо говорил, что если бы Германия с Англией договорились, то только тогда для нас возникла бы тяжелая ситуация.

**Я хочу надеяться, что наши лидеры, выступая по случаю юбилея Победы, рассекретят наконец все касающееся наших планов начала войны в 1941 году. И скажут народу правду: коммунистический режим Сталина собирался первым напасть на Германию.**

## 7. 2. РАЗГРОМ ЗА ДЕСЯТЬ ДНЕЙ

Генерал М. Гареев писал, что нельзя исходить из собственных пожеланий и побуждений, не учитывая, что противник будет стремиться делать все и тогда, когда это удобно и выгодно ему.

Гитлер тоже понимал: война с Англией не закончится, а война с СССР наступит. И он действовал очень логично: во-первых, использовать фактор большей готовности Германии в данный момент к войне и, во-вторых, опередить Сталина.

Сталин не раз твердил: Гитлер не решится воевать на два фронта. Но Гитлер и не собирался воевать на два фронта, так как предполагал до начала зимы войну с СССР закончить. Выйти на линию Архангельск—Волга, а последний индустриальный район СССР — Урал — разбомбить. За эти несколько месяцев никаких двух фронтов не будет — Англия еще не оправилась от бомбардировок.

В первый день войны Сталин все еще думал о наступательной войне. Ну начал Гитлер внезапно — отобьемся. И начнем наступать. Утром 22 июня Сталин потребовал «сокрушительным ударом разгромить вторгшегося противника».

Но в первый же день немцы продвинулись на 50—60 километров. Авиация немцев господствовала в воздухе. Наши аэродромы были разбомблены. Немецкие танковые клинья прорвались в тыл Красной Армии.

Начальник Генерального штаба сухопутных сил Германии генерал Гальдер записывал в своем дневнике: «Боевые части противника в тактическом отношении не были приспособлены к обороне». А полковник Красной Армии Сандалов в оперативной сводке за 24 июня 1941 года писал, что «пехота деморализована, упорства в обороне не проявляет».

Как пишет Э. Радзинский в книге «Сталин», начиная с утра 23 июня «иллюзии Сталина стали испаряться». А на четвертый день войны Сталин понял, что его армия повсеместно отступает. И это отступление часто переходит в паническое бегство. Всего через неделю после начала войны без боя пал Минск — столица Белоруссии. А в своей речи 3 июля Сталин уже признает, что немцы захватили и Литву, и Латвию, и значительную часть Украины и Эстонии.

Даже по данным нашего Генштаба за июнь-июль мы потеряли 650 тысяч, за август — еще 700 тысяч, за сентябрь — 500 тысяч. Всего за 1941 год — 4,5 миллиона человек, треть того, что потерял СССР за всю войну. И в подавляющем большинстве эти потери — взятые немцами в плен наши бойцы, командиры, генералы.

Думаю, что Генштаб скрывает, что значительная часть потерь 1941 года имела место именно в первые две недели войны. *По существу за десять дней перестала существовать та армия, которую Сталин готовил для похода в Европу.*

29 июня — на седьмой день войны — после известия о падении Минска, Сталин, выходя из здания Наркомата обороны, сказал по-сталински четкую фразу с оценкой итогов войны: «Ленин создал наше государство, а все мы его прос...ли!» Эти слова слышали Молотов, Ворошилов, Жданов, Берия. Ее приводят в мемуарах и Н. С. Хрущев, и А. И. Микоян.

Генерал Волкогонов в книге «Сталин» пишет: «В монографиях и многотомниках долгое время нельзя было встретить слова «поражение», «катастрофа», «окружение», «паника», относящиеся к действиям наших войск.

Но именно эти слова можно и нужно отнести ко всему первому семи-десятидневному этапу войны».

> Я хотел бы, чтобы наши лидеры расстались наконец со стереотипами сталинской истории и сказали народу правду: за первые семьдесят дней войны была разгромлена та армия, которую Сталин, его коммунистическая партия, его советский государственный социализм два десятилетия готовили к войне.

### 7. 3. В ПОИСКАХ КРАЙНЕГО

Сталин лучше всех понимал, что поражение нельзя «записать» социализму, партии и ему лично. Значит — надо искать виноватых.

После всех чисток 37-го года идея «заговора генералов» не смотрелась и Сталин сказал Ульриху, подготовившему «процесс генералов»: «Убрать измену». Осудили и расстреляли только группу генералов одного из фронтов — Западного — за плохое командование.

Сталин принял решение объявить всех оказавшихся в плену предателями. Но и массовая сдача в плен не была серьезным объяснением.

И Сталин выдвинул **теорию внезапности**. Нас, тихих и мирных, атаковали ночью — как когда-то бедного Чапаева или бедного Ермака.

Но, спрашивается, какая внезапность, если к войне готовились десятилетия? Какая внезапность, если в 1938 году доля военных расходов в бюджете составляла 20%, а в 1940 — уже 52%, то есть 25% национального дохода! Какая внезапность, если «мы сегодня к походу готовы!».

Если и говорить о внезапности — то только оперативно-тактической. Гитлер опередил Сталина, возможно, только на месяц. И если эта внезапность *свела к нулю* десятилетие подготовки к войне, то, значит, были другие — помимо внезапности — серьезные причины для поражения.

Во времена Н. С. Хрущева «внезапность» сохранили — нельзя же было признать, что нормальная многолетняя подготовка к войне не дала результатов — тут уже возникал вопрос и о партии, и обо всем социализме. Так что без внезапности обойтись никто — и при Сталине, и после него — не мог.

Но Хрущев сделал Сталина ответственным за эту внезапность — ссылаясь на постоянные отказы Сталина воспринимать данные нашей разведки и на его маниакальную веру в то, что Гитлер не решится на войну на два фронта.

Сталин безусловно виновен в отрицании данных о предстоящем нападении на СССР. Но он хотел оттянуть время для нанесения своего удара первым. И, главное, был уверен в способности своей армии дать отпор — даже внезапному нападению. Еще бы — при 16 тысячах советских танков против 4 тысяч немецких!

Другое объяснение хрущевских времен — техники у СССР было много (этого нельзя было отрицать!), но это была *устаревшая техника*.

Устаревшего было действительно немало. Мой отец, танкист, называл свой пробиваемый всеми видами снарядов, мин и пуль, кроме винтовочных, танк утвердившимся среди командиров неофициальным именем: «Прощай, Родина!». Но *в целом* технический уровень наших танков был по тем временам вполне современный. Танков Т-34 были сотни. И даже «Катюши» уже были. Так что тезис об устаревшей технике не объяснение.

Сталинские претензии *к качеству генеральского руководства* Красной Армией Хрущев тоже не мог отрицать. Но он опять-таки свел их к вине самого Сталина: это его репрессии 1937 года уничтожили весь цвет генералитета армии.

В отношении генералитета я думаю, скорее, прав Виктор Суворов, который считал героев гражданской войны непригодными к современной войне. И потому, писал Суворов, именно чистка от них Красной Армии освободила места для молодых, растущих полководцев — тех, кто собственно потом и выиграл войну.

А вот в отношении всей массы командиров чистка 37-го года безусловно означала ослабление армии. К 1941 году 75% наших командиров не имели нормального военного образования. Тем более, не имели опыта: на своих должностях находились год-два, а то и всего несколько месяцев.

Так что чистка 1937 года — обязательная составная часть процесса утверждения сталинского варианта социализма (об этом я писал в «МК» в серии заметок о тридцать седьмом годе) — уже вполне серьезное объяснение поражение 1941 года. Без 37-го года сталинский социализм не утвердился бы. Но именно 37-й год радикально ослабил его армию.

В первый же день войны проявился еще один фактор — *неготовность к обороне*. Это сразу же отметил немецкий генерал Гальдер. Сталинский курс — только наступление — фактор поражения 1941 года. Из-за этого курса аэродромы было решено перебазировать как можно ближе к западной границе — легче поддерживать прорвавшуюся в Европу Красную Армию. Было решено построить там 190 аэродромов. Но из-за бедности решили перенести на них оборудование со старых. Старые поэтому демонтировали, а самолеты перебазировали на гражданские незащищенные аэродромы. Сходные ситуации и со старыми оборонительными узлами — их демонтировали для оборудования новых, на западе.

Вообще, весь «кусок», захваченный Сталиным по пакту Молотова—Риббентропа, оказался для СССР во многом «непереваримым» и тоже стал одной из причин поражения 1941 года.

Еще один фактор поражения — недостаточный уровень технической квалификации кадров Красной Армии. Большевики, которые по приказу Сталина, должны были овладеть техникой, владели ею в армии столь же плохо, как и на заводах, как и на машинно-тракторных станциях.

Отрицательно сказалась и концентрация главных сил Красной Армии не на западе, а на юго-западе, в Киевском военном округе. Пишут, что Сталин допустил просчет, ожидая там главного удара. На самом деле Сталин сам собирался оттуда нанести главный удар. Именно на юго-западе — печальный опыт августа 1914 учил, что наступать лучше не на прусские земли.

Историки и специалисты назовут еще много причин поражения 1941 года. Но — и это продолжается до сих пор — *главные причины не называются, замалчиваются*. Об этом — в следующей статье.

## 7. 4. ГЛАВНЫЕ ПРИЧИНЫ ПОРАЖЕНИЯ

И сам Сталин, и все его наследники, и вся советская номенклатура всячески уходили и уходят от того, чтобы выяснить суть первых десяти дней войны, назвать их поражением, объяснить его.

И это не случайно — они не могли принять следовавший за всем этим вывод, звучавший приговором и диктатуре пролетариата, и социализму, а фактически и номенклатуре, и диктатору.

Упорно не желает признать первую десятидневку войны поражением сталинского советско-коммунистического режима и вся постсоветская правящая номенклатура. Ведь это бросает тень и на ее право на власть.

Между тем известно, что обе войны, которые советская власть развязывала после гражданской войны, закончились ее поражением. Это война с Польшей и война с Финляндией. С второразрядными буржуазными государствами Европы.

Несмотря на колоссальный противовес сил, создать Советскую Финляндию в 1940 году не удалось. Финны потеряли — по советской версии — 48 тысяч убитыми, а СССР — 130 тысяч. По советским данным, раненых у финнов — 43 тысячи, у нас — 265 тысяч. По версии командующего финской армией бывшего царского генерала Маннергейма, СССР потерял убитыми — 200 тысяч, а финны — 25 тысяч.

Гитлеровский Генеральный штаб очень внимательно проанализировал итоги этой войны и сделал вывод: советская «масса» не может противостоять нормальной армии и грамотному командованию.

И вот 22 июня 1941 года. Война с Германией.

Да, был героический Брест. Да, были наши части, которые упорно сражались с наступающими немцами.

Но *в основной массе* Красная Армия оказалась *не готова* к современной войне. И вывод полковника Сандалова в оперативной сводке за 24 июня — «пехота деморализована и упорства в обороне не проявляет» — был горьким, но исчерпывающим. Без каких-либо боев, по существу без выстрелов сдавались целые города, даже столицы республик: Кишинев, Вильнюс, Рига, Минск.

Да, было уничтожено много наших танков. Да, были сожжены на аэродромах наши самолеты. Да, были и все те факторы, о которых шла речь в предыдущей статье. Но их явно недостаточно для объяснения поражения.

Почему? Ответ мне подсказал сам Сталин. В одной из своих речей в дни Победы в 1945 году он сказал как о первой и главной причине Победы: «...Победил наш общественный строй». Ну, если в 1945 году главным для Победы был признан «наш общественный строй», то в десятидневной войне 1941 года он же и должен быть назван в качестве главной причины поражения.

**Народ — и соответственно армия — не хотели ни воевать, ни тем более умирать за советский строй, за сталинский социализм, за диктатуру пролетариата.**

Ни у себя в стране. Ни тем более за ее утверждение в странах Европы.

За двадцать лет и народ, и армия насмотрелись на сталинский государственно-бюрократический социализм. За это воевать?

За разорение российского крестьянства, насильно загнанного в колхозы?

За жизнь миллионов рабочих и их семей в бараках вокруг промышленных гигантов? За работу на них без техники безопасности и за зарплату, позволяющую едва сводить концы с концами?

За нехватку самых нужных товаров?

За власть, обрушившую на страну голод во время коллективизации?

За Большой террор 37-го года?

За переполненные миллионами лагеря ГУЛАГа?

За начальство, преданное только трем «у» — угадать, угодить, уцелеть?

К тому же перед войной произошли новые, «промывающие мозги» народу события.

Рабочий день увеличился с 7 до 8 часов. Рабочая неделя — с 5 до 6 дней. Были введены трудовые книжки и судебные расправы за все: даже за 15 минутное опоздание на работу.

У колхозников урезали приусадебные участки и отобрали 2,5 миллиона гектаров лучших земель. Ограничили возможности иметь личный скот. Обязательные поставки зерновых дополнили обязательными поставками картофеля и овощей. Увеличили плату за работу МТС. Выросли, и существенно по отношению к городу, цены в сельмагах на ткани, спички, керосин, школьные тетради и т. д.

Ввели плату за учебу для учащихся старших классов, для студентов вузов и техникумов.

В общем, все что народу удалось получить в 1933—1937 годах по линии уровня жизни (о чем я тоже писал в «МК» в серии статей о 37-м годе), было отобрано сталинским режимом.

И еще одна «промывка мозгов»: включение в СССР территорий по пакту Молотова—Риббентропа. Даже сталинский киллер Павел Судоплатов сквозь зубы говорит, что в западных областях даже обувь у населения была разнообразнее, чем в СССР.

Немецкие войска в западных районах и в Прибалтике население встречало с цветами, с ликованием. И в городах, и в селах. О каком упорстве в обороне частей Красной Армии могла идти речь при таком поведении населения?

Поражение 1941 года коренилось в непригодности диктатуры пролетариата в качестве инструмента решения проблем человечества в XX веке.

Вот почему все попытки нашей бюрократии — и советской и постсоветской — объяснить поражение 1941 года то коварством Гитлера, то ошибками Сталина являются попытками снять ответственность за катастрофу с советской системы, с однопартийного режима коммунистической партии, с номенклатуры, с себя.

И тысячи сгоревших самолетов, и тысячи оставленных врагу танков и орудий, и сотни тысяч попавших в плен в первые же дни войны — это всего лишь показатели. *Показатели банкротства сталинского советского государственно-бюрократического социализма.*

Характерно, что офицер немецкой разведки Штрик-Штрикфельдт в книге о Власове пишет: «Время от начала войны и до отхода немцев от Москвы я называю «русской народной революцией против сталинского режима». Народ впервые получил возможность высказать свое отношение к социализму и он его высказал.

*Это Сталин, его социализм, его партия, его госбезопасность привели Красную Армию и СССР к тотальной катастрофе.*

*И я бы хотел наконец услышать от наших лидеров в их докладах о юбилее Победы вывод о полной катастрофе социализма не в 1991, а за десять дней 1941 года. Задолго до Афганистана и Чернобыля. За пятьдесят лет до августа 91-го.*

### 7. 5. ОТВЕРГНУТОЕ ПРЕДЛОЖЕНИЕ О КАПИТУЛЯЦИИ

Сталин был реалист и прагматик. Армия разбита. Народ не хочет защищать его социализм. Бюрократия, привыкшая к железной руке, оставаясь без руководства, бежит в первых рядах. Что остается делать?

И он не мог не попытаться договориться с Гитлером. Конечно, Гитлер не хуже Сталина понимает ситуацию. Поэтому ни мира, ни даже перемирия не будет. Остается один вариант — капитуляция.

Мог ли на нее пойти Сталин? Думаю, что не только мог, но именно с нее он и начал свой анализ итогов десятидневной войны. На каких условиях он, Сталин, может капитулировать? Главных два. Первое — постараться «спасти» от оккупации возможно большую часть СССР. Второе — остаться лидером этого «остатка».

У Сталина был опыт Ленина. В аналогичной ситуации, при немецких частях чуть ли не в десятке километров от Петрограда, Ленин пошел на Брестский мир. Мира — конечно — не было. Это была капитуляция, и капитуляция позорная. Кайзеровской Германии отдавали Польшу, Украину, Белоруссию, Прибалтику. Десятки прочих условий — вплоть до сдачи Черноморского флота. Но зато в оставшейся части России сохранялась советская власть.

Тогда, в 1918 году, Сталин только из-за его собачьей горской, кавказской преданности Ленину, которого избрал еще десятки лет назад бывший семинарист вместо Бога, он одобрил предложение Ленина. Зато потом он оценил всю правоту ленинского шага.

Другой образец — капитуляция Франции. Гитлер оккупировал север Франции. Но две пятых Франции остались во власти ставшего союзником Гитлера правительства Петена, обосновавшегося в городке Виши.

Сталин не мог не знать о плане «Барбаросса» и намеченной Гитлером линии: от Архангельска до Волги и далее по Волге. Но, думал он, Гитлеру еще предстоит война на Западе. И вряд ли он хочет вернуть к Англии ослабленные дивизии. Кроме того, Гитлер — социалист, противник капитализма и буржуазной демократии, и для него Сталин и его партия идейно гораздо ближе Запада. Ведь не случайно Риббентроп восторженно докладывал в Берлине о встрече в Кремле: я чувствовал себя в среде старых партийных товарищей — «геноссе». В общем есть шансы «расширить» оставляемую России по плану Гитлера часть.

И самое главное: Сталин был уверен в конечном поражении Гитлера, как Ленин был уверен в предстоящем поражении кайзеровской Германии. Тогда начнется новая эпоха — надо только до нее продержаться.

Так что все основания для предложения о капитуляции у Сталина были. Об одном из каналов — Чрезвычайном после Болгарии Стаменове — написано немало. О нем шла речь и во время процесса над Л. П. Берия. Но, учитывая характер Сталина, не могло не быть и других каналов. Два старых конспиратора — Сталин и Гитлер — не могли не договориться о каком-то простом и быстром способе контакта. В общем, возможности для передачи согласия Сталина на капитуляцию были.

Но если очевидно, что Сталин *не мог не попытаться* капитулировать, то для меня очевидно и другое: Гитлер *не мог и не хотел* заключать со Сталиным никаких новых соглашений, даже в виде капитуляции.

Он уже достаточно изучил Сталина. Знал, с какой энергией Сталин использовал пакт для подготовки Красной Армии к нападению на Германию. Знал, что (говоря словами самого Гитлера) «Сталин хочет унаследовать истощенную войной Европу».

Менять план «Барбаросса» у Гитлера оснований не было. Захват Москвы и Ленинграда почти предрешен. Гитлер говорил: «Нападение может достичь успеха, если корни российского государства подорваны одним ударом. Захват части страны ничего не даст». Так что для него единственный смысл капитуляции: сохранить больше сил для продолжения войны с Англией. С этой точки зрения есть о чем подумать.

Но вот что должно было быть обязательным условием. Сталин должен уйти из советского руководства. Гитлер ему совершенно не доверяет. Сталин и в сибирской тайге сформирует новую армию, англичане и американцы до зубов ее вооружат, оденут, накормят и напоят. И с этим камнем за пазухой Сталин будет ждать своего часа. Этот азиат умеет ждать — это Гитлер уже понял.

Если требование Гитлера о линии Архангельск—Волга Сталин еще мог принять, то идея ухода из руководства для него была абсолютно неприемлемой. У Сталина даже в мыслях ни страна, ни партия, ни советский строй, ни ленинизм не могли существовать без него, без Сталина. Поэтому у него *в принципе* не могло возникнуть варианта с его уходом — даже ради спасения России.

И переговоры, и их провал остались в глубокой тайне.

Но есть объективная логика истории. Сталин не мог не пытаться капитулировать. Гитлер не мог принять предложения Сталина.

## 7. 6. ЗВЕЗДНЫЙ ЧАС СТАЛИНА

Гитлер переиграл Сталина в деле начала войны и отказался принять капитуляцию Сталина. Гитлер смертельно обидел Сталина. Такие обиды смывают только кровью — таков «закон гор».

И — можно без труда это предугадать — все годы войны Сталин жил жаждой **личной** мести Гитлеру. Гитлер должен быть наказан. Он должен попасть в руки именно к нему, Сталину. Его он никому не отдаст. Унижения, на которые он обрек таких своих врагов, как Зиновьев или Бухарин, будут детской забавой по сравнению с тем, что ждет Гитлера. Распространявшиеся в годы войны разговоры — я сам их слышал — о том, что Гитлера надо посадить в клетку и годами возить по зоопаркам стран, вряд ли были далеки от планов Сталина.

Это Гитлер, лично оскорбив Сталина, долил в этот и без того стальной сплав его личности компонент личной мести.

Личная ненависть играет в истории огромную роль. Хотя сам Ленин не раз повторял, что озлобление — плохой советчик в политике, он сам, Ленин, люто ненавидел царизм за казнь брата, развеявшую в прах его честолюбивые планы на карьеру в царском государстве. Личная ненависть Сталина к Троцкому общеизвестна и определила во многом тип развития СССР в 20-е — 30-е годы. И теперь личная ненависть к Гитлеру тоже стала важным фактором.

Отказ Гитлера оставил Сталину несколько вариантов. Первый: уехать с правительством из страны. Эмиграция была нормальной формой борьбы для русских революционеров.

Второй: остаться здесь, бороться до последней минуты и достойно встретить смерть.

Сталин выбран второй вариант. Этот выбор для него был логичен.

Революционер, в далекой молодости избравший путь борьбы в условиях царизма, обязан был принять решение и о том, что на избранном пути смерть более вероятна, чем победа. Когда-то как о чем-то само собой разумеющемся напомнил Хрущеву Чжоу Эньлай: революционер обязан быть готов к смерти. Сталин к ней был готов — не случайно его героем был Камо.

Сталин был кавказец — полуосетин, полугрузин, — но в любом случае — горец с полным комплексом понятий о чести и гордости. В их числе — готовность к героической смерти. В одном из своих юношеских стихотворений Сталин писал о том, что погибших за народ ждет вечная слава.

Если уж любимая жена Надя, как настоящая грузинка, нашла мужество выстрелить в себя, то он тем более готов к такому финишу. Он сам издевался над сыном

Яковом не за попытку самоубийства, а за неумение ее реализовать: «Какой ты мужчина, если себе в сердце не попал?».

В очень похожей ситуации — другой революционер — Гитлер — принял такое же решение: бороться до конца, если надо — погибнуть.

Но если решение Гитлера имело итогом его смерть, то решение Сталина стало его звездным часом, сделало его лидером мирового масштаба.

Прежде всего, именно это решение — борьба до конца — сделало его союзником Черчилля, а затем и Рузвельта. Черчилль сам принял такое же решение и от своих первых посланцев к Сталину прежде всего требовал ответа на главный для него вопрос: решил ли Сталин стоять до конца и бороться до конца. И в свою первую поездку Черчилль прежде всего интересовался именно этим. И многоопытный лев британской политики по известным ему одному методам получил абсолютно однозначный ответ — да, Сталин решил бороться, бороться до конца, до смерти.

Решение Сталина драться до последнего дыхания с Гитлером дало ему верных союзников, тысячи танков и самолетов, миллионы тонн взрывчатки и продовольствия.

Но несоизмеримо более важным было главное следствие сталинского решения.

Именно в эти дни *русский народ* принял для себя историческое решение: сражаться до конца, погибнуть, но не сдаться врагу. *Народу был нужен вождь,* способный соответствовать этому решению народа и готовность этого вождя тоже стоять до конца.

Счастье Сталина, его спасение, его звездный час — в том, что он оказался соответствующим ожиданиям русского народа. Неведомым путем миллионы русский людей поняли, что этот спрятанный от них за кремлевской стеной человек тоже — как все они — готов стоять до конца, до смерти.

И вполне логичны слова Александра Твардовского:

> Была нам даже дорога
> Та непреклонность отчей воли,
> С какою мы на ратном поле
> В час горький встретили врага.

А другой поэт — украинский — Владимир Сосюра тоже писал о соответствии Сталина «спросу» уже украинского народа:

> Сталева, незламна,
> Тай мудра людына,
> Ведэ нас до гризных боив.
> Николы, николы
> Не будэ Краина
> Рабою немецьких катив.

Сталин пришел к народу, как когда-то русские князья в Новгород, со своей дружиной. Отобранная в чистках, прошедшая через сито расстрелов, лишенная собственной воли, привыкшая беспрекословно подчиняться начальнику — сталинская бюрократия тоже оказалась соответствующей требованиям страшной схватки.

Оставшись без начальства, она терялась, первой бежала при наступлении немцев. Эти родовые черты советской номенклатуры — немедленная готовность к предательству — она сохраняла десятилетия и вполне проявила их и в дни Чернобыльской катастрофы (когда начальство с семьями штурмовало поезда из Киева) и все годы нашей революции 1989—91 годов, и все последующие годы —

по сегодняшний день. Но если есть твердая рука начальства — и номенклатура, и возглавляемая ею бюрократия представляют грозную организованную и организующую силу.

**Звездный час Сталина — не парад 1945-го. И даже не парад 1941-го. Это тот час, когда русские люди признали в нем лидера русского народа в смертельной схватке, в Отечественной войне за спасение Родины, за спасение русской нации.**

## 8. ВТОРАЯ ВОЙНА СТАЛИНА: ОТЕЧЕСТВЕННАЯ

*И мы сохраним тебя, русская речь,*
*Великое русское слово.*

А. Ахматова

### 8. 1. «ЧАС МУЖЕСТВА ПРОБИЛ НА НАШИХ ЧАСАХ, И МУЖЕСТВО НАС НЕ ПОКИНЕТ»

Сталин считал, что война проиграна, что он, его партия, его НКВД и НКГБ, его советское государство — «все проср...ли».

Гитлер считал, что война выиграна и поэтому нет никакой необходимости вести какие-то переговоры о капитуляции.

С одной стороны, вроде бы все продолжалось так, как началось 22 июня. Остановившиеся для ремонта танков немцы 23 августа вновь возобновили наступление. 18 сентября пал Киев и чуть ли не полмиллиона наших бойцов и командиров оказались в плену.

А с другой стороны...

На русской земле, «на старой смоленской дороге», за много веков русской истории взад и вперед не раз исхоженной русскими воинами, начиналось нечто, полностью не укладывающееся в какие-либо каноны военной теории и военного опыта.

Армия, имевшая почти двадцать тысяч боевых самолетов, практически бежала. А теперь, оставшись без всякого прикрытия с воздуха, воинские части начали сопротивляться и с каждым днем все отчаяннее.

Армия, оставившая врагу в ходе отступления тысячи танков, теперь, не имея настоящей броневой поддержки, дралась с непрерывно усиливающимся упорством.

Армия, располагавшая пусть недостроенными, но вполне современными дотами, дзотами, линиями обороны, бросила все. А теперь, на полях и холмах, в лесах и на опушках, на пустом месте она вгрызалась в землю, рыла окопы и встречала врага огнем.

Армия, состоящая из подготовленных к боям солдат, рассыпалась под ударами врага. А теперь части, составленные из резервистов, многие из которых ни разу в жизни даже не стреляли из винтовок, сражались.

Армия, которую вели в бой профессиональные командиры, сдавала врагу по 50 километров в день. А теперь, когда отделения, взводы и роды возглавили мальчишки — десятиклассники, «кубари»-лейтенанты, обучавшиеся всего по несколько недель — вела бои и утром, и вечером, и днем, и ночью.

Армия, практически без боя сдававшая город за городом, даже столицы союзных республик, теперь дралась за каждую деревню, за каждый холм, за каждую речушку.

И что было полностью неожиданно и для Сталина, и для Гитлера: эта армия начала слушать приказы своих командиров. Даже только что вернувшиеся из сталинских лагерей, с переломанными чекистами на допросах ребрами, выбитыми зубами, сломанными челюстями, отбитыми почками, генералы и офицеры организовывали защиту сталинского режима.

Немецкие генералы признавались: «Русские отходят, часто только после ожесточенных контратак против вырвавшихся вперед немецких танков...», «Русские сражаются фанатично...». В книге «Гитлер и Сталин» А. Буллок пишет: «Немецкие офицеры разведки были поражены тем что, даже будучи отрезанными, советские части продолжали яростно сопротивляться...»

В общем, происходило нечто, что иначе, чем Русским Чудом не назвать. Бойцы и командиры

> ...шли в огонь и в воду,
> В стальной кромешный ад,
> Ложилися под танки
> Со связками гранат;
> В горящем самолете
> Бросались с облаков
> На пыльные дороги,
> На головы врагов;
> Наваливались грудью
> На вражий пулемет,
> В боях стояли насмерть у речек и высот.

За всем происходящим стояло что-то общее, фундаментальное. *Это — решение русского народа дать бой врагу.* Ни за что не покориться. Драться. По-русски. До конца. Насмерть.

> Пусть наше сердце не замрет,
> Не задрожит рука...

> Но пусть и смерть — в огне, в дыму —
> Бойца не устрашит,
> И что положено кому, —
> Пусть каждый совершит.
>
> М. Исаковский

Война стала *Отечественной*. Не за советскую власть. Не за мировую революцию. Не за сталинский социализм. За Родину. За Россию. За Отечество.

Да, еще 22 июня митрополит Сергий (Иван Николаевич Страгородский), местоблюститель патриаршего престола, призвал к Отечественной войне в собственноручно отпечатанном обращении.

Да, еще 3 июля в своей речи Сталин тоже говорит об Отечественной войне.

Но одно дело — призывать и обращаться. И другое дело — начать реальную войну.

**Войну сделали Отечественной не призывы и обращения. Войну сделал Отечественной русский народ. И никто другой этого не мог сделать. Это решение было принято в сердцах миллионов русских людей ими самими.**

### 8. 2. «МЫ ЗНАЕМ, ЧТО НЫНЕ ЛЕЖИТ НА ВЕСАХ И ЧТО СОВЕРШАЕТСЯ НЫНЕ...»

Почему русский народ принял решение об Отечественной войне?

Сталинские идеологи — а их догмы до сих пор довлеют над умами номенклатуры — всячески уходили от самой постановки такого вопроса. У них получалось плавное нарастание отпора врагу. Они всячески скрывали, что было два этапа: Поражение Сталина, коммунистической партии и органов безопасности и начало Отечественной войны.

На самом деле *рубеж* между двумя войнами нельзя не видеть. Еще вчера бежали, отступали без боя, сотнями тысяч сдавались в плен. А теперь — дерутся за каждую пядь земли.

И ответ можно найти в уроках далекого 1812 года. Тогда тоже — буквально за несколько недель — к началу Смоленского сражения — изменилось отношение русского народа к нашествию Наполеона. В первые недели — и об этом пишет Л. Н. Толстой — крестьяне надеялись на освобождение от помещиков, на справедливую плату от французов за сено вместо поборов собственной армии. Но уже всего через несколько недель народ, с его изумительным чутьем, понял: от французов свободы ждать не приходится. Более того — под угрозой оказывается хребет русского народа — его государство. И на Бородинское поле вышли русские люди, готовые, как писал М. Ю. Лермонтов, «до конца стоять».

То же самое произошло в июле-августе 1941 года. Русский народ понял две важные для него фундаментальные вещи.

*Во-первых*, немцы не собираются ни распускать колхозы, ни возвращать землю и другую собственность, отобранную большевиками.

*Во-вторых,* немцы не собираются прогнать большевиков для передачи власти небольшевистскому национальному правительству России.

Гитлер по существу сам стал инициатором превращения войны со Сталиным в войну с русским народом.

Гитлеровские национал-социалисты быстро осознали, что ничего лучшего для эксплуатации крестьянства, чем сталинские колхозы, не придумать и надо принять найденную гением Сталина колхозную форму хозяйствования.

Это гитлеровские национал-социалисты, объявив русских и всех славян неполноценной расой, недостойной любого своего национального правительства — не только сталинского, но вообще никакого, — оставили русскому народу одну перспективу: Отечественная война.

Примечательно, что когда генерал Власов получил разрешение от гитлеровцев посетить оккупированные русские села, то вопрос был один и тот же: когда распустят колхозы? Примечательно, что в приводимом мною в статье о предателях разговоре Власова с генералом Лукиным, тот сразу же задал главный для него вопрос: гарантируют ли немцы сохранение целостности России?

Очень четко понимали ситуацию и дальновидные офицеры германского Вермахта. Штрик-Штрикфельдт в упоминавшейся мною книге «Между Сталиным и Гитлером» пишет: «В 1941 году большинство украинцев, как и русских, приветствовали «освободителей»... Теперь они уже сомневались, что немцы захотят когда-нибудь уйти из занятых ими областей... Их методы управления почти не отличались от большевистских. Но со своими можно было хоть разговаривать, с немцами же не объяснишься...».

И далее Штрик-Штрикфельдт честно писал: «...Почему германская полиция хватает, как преступников, мужчин и женщин и набивают ими теплушки? ...Все это напоминает время коллективизации... Немецкая сельскохозяйственная администрация утверждает теперь, что колхозная система выгоднее, чем единичное хозяйство, хотя сами немцы остаются единоличниками. И если выгоднее, то для кого? Раньше для большевистского государства, а теперь для чужеземного захватчика?»... «Над всеми этими проблемами начал возвышаться коренной вопрос: о будущем государственного и общественного правопорядка. И уже выдвигался страх перед призраком нового вида несвободы — быть может, еще более страшной, чем тирания Сталина».

Если все это увидел офицер немецкой разведки, то русские люди не могли не понять всего этого сразу же через несколько недель после начала войны.

И еще — о православии. Немцы и здесь приняли устраивавшее их решение. Так же, как сотни лет назад Золотая Орда. Поддержать. Сохранить. Если с католичеством гитлеровцы вели форменную войну, то православие их устраивало. Ибо — считали они — именно православная религия воспитывает народ в духе любви и уважения к власти. Повсеместно открывались закрытые большевиками храмы. Только в Орле было открыто три новых.

Русским людям, русскому народу советская власть оставила мало национального — порой только право говорить на русском языке. Теперь и это последнее право оказалось под угрозой. Отступать было некуда. И слова жены расстрелянного чекистами поэта Николая Гумилева, матери томящегося в лагерях их сына Льва Гумилева — Анны Ахматовой — прозвучали по радио на всю страну:

Мы знаем, что ныне лежит на весах
И что совершается ныне.
Час мужества пробил на наших часах,
И мужество нас не покинет.

Не страшно под пулями мертвыми лечь,
Не страшно остаться без крови,
И мы сохраним тебя, русская речь,
Великое русское слово.

Русский народ понял, что речь идет о самом его существовании как нации.

Привожу слова Константина Симонова — поэтам дано понять свой народ первыми — из его стихотворения тех героических месяцев 1941 года:

> За горькую землю, где я родился,
> За то, что на ней умереть мне завещано,
> Что русская мать нас на свет родила,
> Что, в бой провожая нас, русская женщина
> По-русски три раза меня обняла.

И еще поэт Михаил Исаковский:

> Нам на одной планете жить
> Нельзя с таким врагом!
> Уж лучше голову сложить,
> Чем стать его рабом,
> Чем на себя ярмо одеть
> На сто, на двести лет.
> Нет! Победить иль умереть, —
> Вот мой, друзья, ответ.

### 8. 3. «...НА НАШИХ ГЛАЗАХ УМИРАЮТ ТОВАРИЩИ, ПО-РУССКИ РУБАХУ РВАНУВ НА ГРУДИ»

Решение драться до конца пришло к русским людям в сверхтяжелых условиях. Практически уже не было и самолетов и танков. Как пелось в песне: «пятнадцать винтовок на весь батальон — и в каждой винтовке последний патрон...».

Сталин и советская власть, годами готовя страну к войне, оправдывая этой подготовкой чудовищные жертвы коллективизации и невиданные тяжести индустриализации, оставили народ в дни грозной роковой его битвы с врагом по существу с одним резервом: собственной кровью и собственной жизнью.

И народ без колебаний бросил в бой этот последний свой резерв.

> В нас есть суровая свобода:
> На слезы обрекая мать,
> Бессмертье своего народа
> Своею смертью покупать.
>
> К. Симонов

### 8. 4. ВЫСТОЯТЬ—ОТБРОСИТЬ—ПОБЕДИТЬ

Об Отечественной войне, которую начал русский народ, написано много.

Невиданные жертвы рождали невиданную ненависть к врагу, невиданное ожесточение:

> На то иду, на том стою
> В том вся моя корысть —
> Сломаю штык, приклад собью, —
> Зубами буду грызть!
>
> М. Исаковский

> Так убей же хоть одного!
> Так убей же его скорей!
> Сколько раз увидишь его,
> Столько раз его и убей!
>
> К. Симонов

Самыми главными были *три великие битвы: Ленинградская, Московская и Сталинградская.*

У всех у них есть общее. Прежде всего — невиданное напряжение всех сил народа и грандиозные жертвы с нашей стороны. В Московской битве 1 миллион убитых и 1 миллион раненых. Битва за Ленинград — известная как Ленинградская блокада — 1 миллион убитых и 2 миллиона раненых. Сталинградская битва — 0,5 миллиона убитых и 0,7 миллиона раненых.

Это официальные данные. Они вызывают сомнения. Сколько осталось в живых из сотен тысяч бойцов Московского народного ополчения? Число раненых обычно не в 2, а в 3-4 раза больше числа убитых.

Почему не учитывается, сколько погибло гражданского населения? А его гибель — обязательный вклад народа в каждую битву. От Сталинграда остались развалины. О миллионах жертв блокады Ленинграда — в книге Алеся Адамовича и Даниила Гранина «Блокадный дневник».

Вторая общая черта трех битв — относительно малые потери гитлеровской армии. Я вообще не нашел в доступных мне материалах данных о числе убитых немцев ни под Ленинградом, ни под Сталинградом. А в Московской битве, даже по официальным данным, за жизнь немецкого солдата наш народ платил четырьмя-пятью жизнями.

Третья черта трех битв — их судьбоносный, переломный характер.

Ленинградская битва показала величие духа народа, его готовность *выстоять*.

Московская битва показала, что у нас есть силы, чтобы *отбросить врага*.

А Сталинград показал, что мы можем не только выстоять, не только дать отпор, но и *победить*.

**Поэтому я уверен, отмечая юбилей Отечественной войны, его надо связывать именно с Ленинградом, Москвой и Сталинградом. Отмечать три подвига народа: ВЫСТОЯТЬ—ОТБРОСИТЬ—ПОБЕДИТЬ.**

## 8. 5. «ЗВУЧАЛО ИМЯ ЧЕЛОВЕКА СО СЛОВОМ РОДИНА В РЯДУ...»

Сталин прекрасно сознавал, что ждет от него русский народ. И как бы мимоходом своему личному шоферу А. Кривченкову в октябре 1941 года он высказывает свое, давно уже сформулированное решение: «Останусь с русским народом в Москве. Пока я в Москве, враг не пройдет. Пройдет только через мой труп».

И если в его обращении 3 июля 1941 года еще звучат слова — «о жизни и смерти советского государства», «о восстановлении власти помещиков и капиталистов», «восстановлении царизма», то и в докладе на торжественном заседании 6 ноября 1941 года, и в выступлении с мавзолея 7 ноября 1941 года он уже практически не вспоминает о классовом характере войны. Он говорит о ее национальном характере, говорит о великой русской нации, о ее борьбе с теми, кто хочет уничтожить русских именно как нацию.

«И эти люди, лишенные совести и чести, люди с моралью животных, имеют наглость призывать к уничтожению великой русской нации — нации Плеханова и Ленина, Белинского и Чернышевского, Пушкина и Толстого, Глинки и Чайковского, Горького и Чехова, Сеченова и Павлова, Репина и Сурикова, Суворова и Кутузова!»

«Пусть вдохновляет вас в этой войне мужественный образ наших великих предков — Александра Невского, Дмитрия Донского, Кузьмы Минина, Дмитрия Пожарского, Александра Суворова и Михаила Кутузова!»

Наблюдательный Джилас в своей книге «Беседы со Сталиным» пишет, что Сталин в разговоре с делегацией югославских партизан Тито использовал слова «Россия», а не «Советский Союз». Джилас сделал вывод, что Сталин не только поощряет русский национализм, но и сам вдохновляется им и отождествляет себя с ним.

Вместо проигранной классовой войны за победу пролетариата Сталин провозглашает национальную войну русского народа — русский народ ждет от него именно этого.

Сталин сумел стать символом Родины.

> «За Сталина!» — кричал комвзвод, —
> И сквозь свинец, топча снега,
> Мы с именем его вперед,
> Как львы, бросались на врага.

И вот что характерно — не интернациональная позиция, а именно беззаветная борьба русских за себя как нацию воодушевила на борьбу с расистским национал-социализмом Гитлера другие народы СССР. Да, воевали на стороне немцев национальные части из представителей практически всех народов СССР. Это правда. Но правда и в том, что в Красной Армии воевало неизмеримо больше представителей всех народов СССР. И воевали достойно, мужественно, не щадя жизни.

**Великий урок на будущее: именно русский патриотизм, ориентированный на сохранение общечеловеческих ценностей, оказался самым мощным фактором объединения народов нашей страны.**

## 8. 6. ЛИЦЕМЕРИЕ СТАЛИНА

Но Сталин остался Сталиным. Он остался верен пути, избранному в далекой юности. Он остался верен марксизму-ленинизму.

Как истинный марксист-ленинец Сталин продолжал считать «своим» пролетариат, точнее — свою партию, еще точнее — ее номенклатуру.

Поэтому он, с одной стороны, говорит о народной войне, о патриотизме всего народа, об Отечественной войне. А с другой стороны, он боится этого самого народа.

Уже в самом начале Отечественной войны это проявилось в отношении Сталина к народному ополчению.

Сталин одобрил инициативы по созданию народного ополчения. Но оружие ему давать не торопился. Пытался отправить ополченцев на рытье окопов. Он хорошо помнил Октябрь 1917 и гражданскую войну, когда оружие в руках народа стало кошмаром для большевистской власти. Я уже писал в «МК» в 2001 году о трагической судьбе московского народного ополчения. За этой трагедией — сомнения Сталина в том, что патриотизма достаточно для того, чтобы удержать ополчение только на линии борьбы с немцами. Он опасался попыток использовать вооруженное народное ополчение против него, Сталина, какими-либо его врагами, в том числе потенциальными претендентами на руководство партией, особенно из московской организации.

Сталин понимал: без патриотизма, без превращения войны в Отечественную у него нет никаких перспектив. Но одновременно он боялся Отечественной войны.

И он пытался маневрировать. Даже Джилас вполне поверил в его «русский национализм».

Но и внутри страны поверили многие. Сталин умел лицемерить. В тяжелейшие дни начала блокады Ленинграда он пишет личную записку первому заместителю Жданова по обороне Ленинграда Кузнецову: «Спасай Россию, Алеша!».

С несомненного одобрения Сталина о России, о ее защите заговорили все командиры Красной Армии. И Константин Рокоссовский обращается к командиру 18 дивизии народного ополчения генералу Чернышеву: «Держитесь. Не уступайте ни пяди русской земли без крови противника».

Сталин вырос в партии, всегда составлявшей в России незначительное меньшинство и потому постоянно маневрирующей в поисках союзников. Обман и лукавство — родовые черты ленинизма. Сначала Ленин и большевики обманывали Россию, обещая ей демократическую республику. А на деле Ленин постоянно внушал своим соратникам идею о том, что мы немедленно должны переходить от революции демократической к революции социалистической.

Потом Ленин выступал против мировой войны, а на деле не видел другого пути к мировой социалистической революции, кроме как через войну.

Российское крестьянство обманывали не раз и не два. И декретом о Земле. И курсом на союз с середняком. И НЭПом.

Воспитанный на таких традициях, Сталин *и патриотизм, и Отечественную войну считал не целью, а всего лишь инструментом, очень нужным и очень важным — но только в данный момент.*

Впрочем, Сталин не очень-то и лукавил.

Внимательный наблюдатель это без труда может заметить, что даже в своих самых официальных патриотических речах Сталин *постоянно* напоминает о том, как он, Сталин, понимает Отечественную войну.

Это вовсе не позиция Кутузова, считавшего, что Отечественная война должна закончиться изгнанием врага из России. Сталин — в самые трудные дни ноября 1941 года — говорит, что мы не можем ограничиться освобождением наших территорий. Нас ждут славянские народы Европы. И не только. «На вас смотрят порабощенные народы Европы, попавшие под иго немецких захватчиков, как на своих освободителей. Великая освободительная миссия выпала на вашу долю!»

И он это говорит в момент, когда немцы находятся на расстоянии 50 километров от Кремля! А чем больше территорий СССР освобождала Красная Армия, тем чаще Сталин говорит об освобождении других народов и других стран.

Но наиболее открыто сталинские планы не ограничиваться войной за освобождение русского народа от гитлеровского нашествия звучат там, где русский народ его не слышит, — на переговорах с союзниками, в переписке с Черчиллем и Рузвельтом. Тут уже его вторжение в Европу предполагается как нечто само собой разумеющееся.

Но это уже связано с третьей войной Сталина — когда он умело превратил Отечественную войну русского народа в войну за экспансию своего социализма за пределы СССР.

Об этой третьей войне Сталина — в следующих заметках.

## 9. ТРЕТЬЯ ВОЙНА СТАЛИНА: ЭКСПАНСИЯ СОЦИАЛИЗМА

*В полях за Вислой сонной
Лежат в земле сырой...*
Е. Винокуров

В апреле 1944 года Красная Армия вышла к границе СССР и Румынии. В сентябре 1944 года — пересекла советскую границу на западе. А 7 ноября Сталин известил страну, что освобождена вся территория СССР.

Теперь перед Сталиным уже как практическая задача встал вопрос — что дальше? Как закончить войну?

### 9. 1. ВАРИАНТЫ

Русской истории были известны два варианта того, *как заканчивать* войны.

Первый — победный. Как в Отечественной войне 1812 года. Победа — повод для ликований, самолюбований, самовосхвалений и самооправданий. Объявление существующих в России порядков лучшими из возможных. Отказ от их реформ. Расплата — спустя десятилетия — за это фанфаронство и этот консерватизм.

Второй — неудачный. Как Крымская война 1853—56 годов. Поражение в Севастополе. Тяжелые условия мира. И речь Александра II, предлагающего возместить неудачный исход войны реформами. Александр II осуществил эти реформы, получив в мирное время славный титул Освободителя.

А после поражения в русско-японской войне промедление с реформами привело к революции 1905 года.

Все эти варианты Сталин, конечно, знал.

Далее перед Сталиным возникал вопрос о том, *где закончить войну.*

Окончить войну на границе (*«Граница»*)?

Вступить в Европу, завершить войну там и тут же вернуться домой (*«Освобождение»*)?

Оставаться в Европе до того, пока не будут решены задачи, которые Сталин считал главными для послевоенной эпохи (*«Оккупация»*)?

По варианту «Граница» — в духе идей М. И. Кутузова — надо остановиться на границе. Но на какой? На советской границе до 1939 года? Или на той, которая возникла в результате пакта с Гитлером?

Далее, *для чего остановиться* на границе?

Как минимум — для сохранения сил и использования их при восстановлении разрушенной страны. Как максимум — для проведения в СССР глобальных реформ с учетом главного факта — факта поражения социалистического строя в 1941 году.

И вариант «Освобождение» (в духе Александра I) и вариант «Оккупация» требовали ответа на вопрос о том, какой он, Сталин, видит послевоенную Европу.

Первая позиция — устранить вдоль наших границ «санитарный кордон» из враждебных СССР государств созданный Версальским миром 1918 года. Создать полосу дружественных СССР государств, пусть даже эти государства останутся буржуазными.

Вторая позиция — расширить СССР, советизировать занятые Красной Армией страны. Но тут возникали свои проблемы.

Первая — как устроить новый социалистический мир?

Вторая проблема — это третья мировая война. Запад выступит против расширения зоны социализма. Значит, новая война станет неизбежной.

## 9. 2. ВЫБОР

Вариант «Граница» соответствовал духу сталинской политики начала второй мировой войны — но теперь уже надо ждать, пока Гитлер и англо-американцы будут ослаблять друг друга.

И все же идея ожидания «созревшего яблока» была Сталиным отвергнута. Ведь поражение Сталина в 1941 году было как раз итогом такого «ожидания».

Теперь о варианте «Освобождение». Александр I, выбрав этот вариант, не руководствовался коренными интересами России. Он действовал в личных интересах и в интересах российских феодалов. Он ставил целью полное искоренение итогов французской революции и наполеоновской эпохи. Сталин прямо заявил своему окружению, что уход Александра I из Парижа был ошибкой.

*Сталин избрал третий вариант* — войти в Европу, оставить Красную Армию в ряде стран и в той части Германии, которая определена соглашением с союзниками как советская зона оккупации.

При этом варианте как минимум осуществляется «наказание» Гитлера. И обеспечиваются поставки в виде репараций. И СССР выступает в почетной роли освободителя ряда стран и их народов от фашистской оккупации.

По максимуму в этом варианте можно оказать более серьезное влияние на послевоенное устройство Европы.

Были и другие задачи, волновавшие Сталина. Сталин в принципе не мог допустить, чтобы его пакт с Гитлером был признан ошибкой. Поэтому должна сохраниться новая граница СССР. Эта граница все еще имела только одно основание — пакт 1939 года. Вступление в Европу давало шанс узаконить эту новую границу.

Но самое главное в третьем варианте — создание вокруг СССР полосы дружественных стран. Кордон, но «свой».

Можно предположить, что и Черчилль, и Рузвельт считали это желание Сталина понятным и законным. Оно было закреплено знаменитым неформальным соглашением Черчилля и Сталина о разделе сфер влияния: в Румынии — 90% СССР, в Болгарии — 75%, в Венгрии и Югославии — по 50%, в Греции — 10%. Сталин настолько дорожил этой договоренностью, что отказал греческим коммунистам и их армии в поддержке.

Началом развития по этому пути стал договор с Финляндией. Во главе Финляндии стали лидеры, дружественно относящиеся к СССР.

Что-то сходное происходило и в Румынии. СССР ее оккупировал, но сохранилась власть короля и было создано коалиционное правительство, устраивающее Сталина.

Так начала создаваться вдоль границ СССР альтернатива «санитарному кордону».

Но... реализации этого плана послевоенного устройства Европы помешала Польша. Польские лидеры, находившиеся в Англии, были воспитаны на традициях ненависти к России. Они помнили о проигранной борьбе с Россией за лидерство среди славян Восточной Европы. Они не могли забыть роль России в уничтожении независимости Польши. В подавлении героических польских восстаний в XVIII—XIX веках. Войну 1920 года. Пакт Сталина с Гитлером. Они гордо не хотели быть разменной монетой даже в руках союзников, даже в руках самого Черчилля. И они ни при каких условиях не хотели оказаться под контролем Сталина, считая этот контроль переходным периодом на пути к аннексии Польши.

Шансы на компромисс исчезали. Это понимал и Черчилль. А для него вопрос о Польше был важен: ведь ради Польши Англия в 1939 году объявила войну Гитлеру. Черчилль давил на «своих» поляков: «Вы — черствые люди и хотите погубить Европу... у вас на уме жалкие интересы...». Но поляки уступать не хотели.

Сталин был человеком логичным. Если не получается создание на границе СССР польского дружественного несоветского государства, значит, придется создавать польское государство просоветское, сталинское.

Это означало насаждение в Польше, а значит, и во всей Восточной Европе советского социализма.

**Третий вариант — «Оккупация» — превратился, таким образом, в вариант экспансии социализма.**

**Возникает вопрос: почему Сталин избрал третий вариант в этом, социалистическом исполнении?**

## 9. 3. УПУЩЕННЫЙ ШАНС СТАЛИНА

Колебался ли Сталин, делая вывод? Тут есть и логические доводы и факты.

Сталин уже втянулся и — что для него было главным — мог действовать и действовать более чем эффективно в двух направлениях.

Во-первых, в направлении усиления русской нации и России. Здесь его шаги давали очевидные результаты — и он это видел. Он, несомненно, считал себя русским национальным лидером, и это его радовало. Поэтому идея реформирования России могла ему представляться как нормальная альтернатива и как более эффективный путь в будущее.

Сталин знал, что восстановление России пройдет быстрее и легче, если Запад, и Рузвельт в первую очередь, окажет Сталину помощь не менее грандиозную, чем ленд-лиз. Тем более, если Сталин начнет реформы в СССР.

Во-вторых, Сталин уже почувствовал вкус к сотрудничеству и вообще к взаимодействию с лидерами капиталистического мира. С Гитлером у него ничего не получилось, но с Черчиллем и Рузвельтом он уже сотрудничал нормально.

Но главным было понимание того, что эксперимент с социализмом в одной стране провалился и остается или отказаться от него или вернуться к перманентной революции Троцкого и курсу на мировую войну, призванную утвердить социализм на всей планете. Все сложности этого пути Сталин, конечно, хорошо видел.

И в 1917 году, и после окончания гражданской войны Ленин и его партия еще имели оправдания в виде надежд на будущее, иллюзий и пророчеств. Но в 1944 году Сталин уже имел *все основания* для подведения итогов социалистического эксперимента, особенно после поражения 1941 года.

Практическим же доказательством колебаний Сталина в выборе варианта окончания войны является Финляндия и его готовность иметь соседом дружественное несоветское государство.

На размышления Сталина повлияла и смерть Рузвельта. Повлияло и поражение Черчилля на выборах 1945 года. Сталин считал его заслуги перед Англией грандиозными. «Провидец» Сталин предрекал победу Черчилля на выборах 1945 года с показателями в 80% «за». А эта «неблагодарная демократия» привела к падению такого гиганта.

Если уж и в культурной Англии лидер не получил заслуженного уважения, то что ждать в России?

Влияла и растущая самоуверенность Сталина, его разбухавшая вера в свою гениальность и исключительность, в свою историческую миссию. Одно дело — возглавлять пусть превращающуюся в первую державу мира Россию и другое дело — стать лидером социализма на всей планете. Патриотизм явно выглядит несолидно.

И все же главным, думаю, стала личная неготовность к реформам. Ему уже 65 лет. Учиться он умеет, но ему будет нелегко при выборе курса реформ и при развитии демократии. А вот к руководству диктатурой пролетариата и к утверждению мирового социализма он готов уже сейчас.

В общем, провал курса на «кордон» из дружественных несоветских государств; сложности в случае того, если стать лидером реформ; традиции и опыт жизни, посвященной победе социализма на планете; недостаток в структуре личности Сталина русского патриотизма и избыток интернационализма; уход «сочувствующего» Рузвельта; печальная судьба Черчилля как лидера; крайний эгоцентризм личности Сталина предопределили в конце концов тот выбор, который сделал Сталин. Это был выбор в пользу курса на мировой социализм. Этот выбор ничего не прибавил к его славе коммунистического вождя, а вот перспектива стать великим героем русской нации была упущена.

И все же в первую очередь Сталин думал не о судьбе социализма и проблемах России, а о собственной судьбе — о свей роли лидера.

Если Отечественная война завершилась бы только освобождением Родины, то неизбежно встал бы вопрос: как сделать так, чтобы это не повторилось? Что изменить в экономике? В политическим строе? Сталин не мог не понимать, что при такой постановке вопроса не исключена замена его в качестве лидера. Тем более, что за годы войны выросло целое поколение руководителей — начиная с того же Жукова в армии или Кузнецова и Щербакова в партии, которые по существу никак не связаны ответственностью ни за гибель от голода десяти миллионов крестьян в годы коллективизации, ни за миллионы жертв Большого Террора, ни даже за пакт Молотова—Риббентропа.

Сталин решил, что только Победа — очевидная, осязаемая, наглядная, понятная каждому человеку в стране — *избавит его от критики, от обвинений в поражении 1941 года.*

Штурм Берлина, водружение Знамени Победы, немецкие знамена на Красной площади нужны лично ему, Сталину, для сохранения им роли лидера. Это его, Сталина, Знамя Победы поднимут над рейхстагом. Это к ногам его, Сталина, бросят гитлеровские штандарты на Параде Победы на Красной площади.

Только *такая* Победа позволяла ему, его партии, его номенклатуре оттеснить от Победы народ. Что значит освобождение своей земли до ее границ по сравнению с взятием Берлина?

Так что без завоевания стран Восточной Европы, без штурма Берлина, без Знамени Победы не обойтись. И, как пишет С. М. Штеменко в книге «Генеральный штаб в годы войны», именно Сталин сам выдвинул идею: «На парад надо вынести гитлеровские знамена и позорно повергнуть их к ногам победителей».

Сталин понимал и то, что *его сталинская номенклатура тоже не хочет ни настоящих разбирательств, ни серьезных реформ.*

Отвергнув вариант войны, вытекающий из ее Отечественного характера, направив заключительную стадию войны по пути экспансии социализма, Сталин *упустил свой великий личный шанс*. В 1941 году он свой шанс использовал, в 1944-м упустил.

Ведь у Сталина были основания предполагать, что народ примет его и в качестве реформатора социализма, как принял в качестве вождя Отечественной войны. И — в случае успеха реформ — простит ему все прошлое, даже явные преступления. (Кстати, нечто подобное произошло в Китае с ближайшим сподвижником Мао Цедуна — Дэн Сяопином.)

Сталин упустил и шанс спасти основную часть *своей номенклатуры*. Опять-таки преступления перед Россией у этой номенклатуры были огромные. Не исключено, что в случае объективного разбора, были бы и осужденные, и отстраненные. Но ясно и другое — на реформаторский путь в конце концов вступили бы не осколки номенклатуры (далеко не лучшие), как это произошло при Ельцине, а номенклатура как большинство, включающее ее наиболее профессиональные части. Советская номенклатура в основной своей части могла бы превратиться в номенклатуру и частных собственников постиндустриального строя.

И, наконец, сталинский курс на третью мировую войну означал утрату шанса и для компартии. К концу войны это уже не была ленинская партия, на 70% состоявшая из эмигрантов, представителей изгоев высших и средних слоев российского общества, представителей Кавказа, Прибалтики и тех, кто жил за чертой оседлости. Чуждых не только крестьянам, но и во многом рабочим России. За годы войны партия коммунистов, сотни тысяч членов которой сражались, истекая кровью и умирая рядом с миллионами простых людей, перенося с ними и тяготы, и горечь утрат, и радость успехов, в основной массе срослась с народом. Такая партия имела все шансы стать опорой реформаторского курса.

И если Сталин отверг путь реформ — хотя даже Ленин «выходил» из гражданской войны с помощью НЭПа — то причина одна: он не был уверен, что на новом пути сохранит пост лидера и вождя. При «социалистическом» варианте развития, как ему казалось, шансов для него существенно больше.

**Поэтому надо говорить о личной вине Сталина и перед обманутым русским народом, и перед своей партией, и перед своей бюрократией, и перед самим собой как лидером. Если бы к политике относились юридические категории, то можно было бы говорить о преступлении Сталина во второй половине 1944 года.**

Об этом тоже важно сказать в юбилейные дни.

## 9. 4. НАЦИОНАЛ-БОЛЬШЕВИСТСКАЯ МОДЕЛЬ МИРОВОГО СОЦИАЛИЗМА

Сталин был образованный марксист. Он хорошо знал «классику» этого учения. Он не мог не понимать, что путь, на который он вступает, мало согласуется не только с марксизмом, но и с ленинизмом.

И Сталин сделал то же, что он сделал в 30-е годы. Тогда он скорректировал марксизм-ленинизм, чтобы объявить социализм построенным в СССР. Теперь требовались новые корректировки.

Во-первых, раньше считалось, что после установления социализма в Европе именно там будут самые развитые формы социализма.

Теперь Сталину было ясно, что без СССР и его штыков и танков ни в какой стране Европы социализм не удержится. Значит, центром мирового социализма должен стать СССР. А советский социализм — образцом для всех. Социализм в этом случае приобретал *национальные* черты СССР.

Во-вторых, раньше формирование мирового социализма мыслилось как появление в составе СССР новых советских республик. Так Сталин и поступил в 1939—1940 годах со странами Прибалтики.

Но опыт ввода в СССР новых республик оказался обременен опасностями.

Украина уже в 1941 году попыталась создать во Львове небольшевистское правительство. А Эстония в 1944 году провозгласила правительство независимой Эстонии, которое «прожило» несколько дней: между уходом немцев и приходом Красной Армии. А потом, в конце войны, на всех «новых» территориях СССР уже бушевала партизанская война.

Не надо было быть большим пророком, чтобы понять, что объявление той же Польши советской республикой будет мощной поддержкой сил, борющихся с «советизацией» Польши.

Да и неоднородность внутри СССР возрастет настолько, что его прочность окажется под угрозой.

**И Сталин принимает исторически важное решение: мировой социализм будет состоять не из одного разбухающего СССР, а из СССР и группы стран вокруг него. Сталин делает еще один огромный шаг в сторону признания национального.**

**Сталин, можно сказать, сделал серьезный шаг к национал-большевизму.**

### 9. 5. ДЫМОВАЯ ЗАВЕСА

Сталин решил превратить Отечественную войну в войну за утверждение социализма в Восточной Европе.

Как объяснить народу, что войну надо продолжать?

В начале был призыв: *«Добьем врага в его собственном логове»*.

Но выяснилось, что русскому народу в принципе чужда мысль «добивать». Беззаветные и беспощадные в бою, русские люди никогда в своей истории никого не добивали до конца. Напротив, давняя русская традиция — договариваться с побежденными и включать их в состав России. Так было с татарами, мурзы которых стали основателями известных всей России родов — Юсуповых, Тургеневых, Тимирязевых, Ахматовых и многих, многих других. Так было с князьями Кавказа. С ханами Средней Азии. С немцами Прибалтики. Не говоря уже о шляхтичах Польши и Литвы.

Идею классовой битвы как битвы до конца, идею «уничтожить как класс» марксизм-ленинизм скорее всего взял из Библии — там Ирод истребляет поголовно младенцев, там одному народу Иегова дает обещание процветать, а другим грозит истреблением «до корня».

Так как идея «добить» не срабатывала, появилась идея мщения. *«Пусть немцы расплатятся за свои преступления».*

Но и месть оказалась не ко двору русским людям. Это во многом восточная, кавказская традиция. В России еще в древности, в «Правде» Ярослава Мудрого, был по существу преодолен принцип «кровной мести».

С идеями мщения солдаты Красной Армии, вступив в Германию, с грехом пополам еще могли пограбить, изнасиловать. Но жечь чужие села и города, тем более убивать женщин, детей, стариков — не хотели, попросту не могли. Как бы ни были переполнены справедливыми обидами, горечью и гневом их сердца.

Не русское это дело — мстить. Разве что в криминальных бандах и в среде заразившихся от них терминологией деятелей правоохранительных органов могут использовать призывы «мстить», «мочить» и т. п.

Тогда стали выдвигать *героические задачи: «Водрузим Знамя Победы над Берлином».*

Или задачи *патриотические: «Нас ждут братья-славяне».*

Или *благородные: «Освободим порабощенные народы Европы».*

**При этом умалчивалось, что ни братья-славяне, ни «порабощенные народы Европы» не просят нас установить у них сталинский социализм на месте изгнанного национал-социализма. Всячески умалчивалось, что мы идем насильно утверждать социализм в странах, народы которых нас об этом не просят.**

## 9. 6. ЦЕНА СТАЛИНСКОГО ВЫБОРА

Во что обошлось русскому и другим народам СССР решение Сталина перенести военные действия за пределы советских границ?

За половину третьего и четвертый кварталы 1944 года (с момента перехода Красной Армии советской границы 1941 года), за первый и второй кварталы 1945 года мы потеряли убитыми — только по официальным данным — около 1 миллиона 500 тысяч человек и 4 миллиона были ранены.

Если учесть, что из всех потерь СССР за 1941—1945 годы в 11,3 миллиона человек (без взятых в плен) убитых было 6,6 миллиона человек, то получается, что практически *каждый четвертый убитый советский боец и командир погибли за сталинский вариант завершения войны 1941—45 годов*.

Можно понять наших лидеров, когда они напоминают полякам, что при освобождении Польши погибло 600 тысяч советских солдат и офицеров. Но можно понять и тех поляков, которые считают, что такими жертвами Сталин оплачивал замену в Польше гитлеровской оккупации советским контролем.

Только в боях на территории Германии погибли 250 тысяч наших бойцов, в том числе в Берлинской операции — около 80 тысяч убитых и 275 тысяч раненых.

Я хотел бы, чтобы за Знаменем Победы, которое стало модно выносить по поводу и без повода, всегда несли еще одно знамя, на одной стороне которого огромными цифрами было бы записано — 250 тысяч погибших «за Германию», а на другой — 80 тысяч погибших «за Берлин».

Пусть и те, кто выносят Знамя Победы, и те, кто его видит, всегда помнят, что на нем кровь 80 тысяч погибших при никому не нужном, кроме Сталина, штурме Берлина.

За этим штурмом и этим Знаменем — десятки тысяч мальчишек и девчонок, оставшихся именно в дни берлинской операции без отцов сиротами на всю жизнь.

Восемьдесят тысяч матерей, оставшихся без сыновей.

Десятки тысяч жен и невест, которые «умели ждать, как никто другой», но были бессильны перед Сталиным и его планами.

И если нас хотят заставить продолжать — в духе Сталина и его последышей — ликовать по поводу этого штурма, то по существу нас хотят заставить ликовать по поводу гибели 80 тысяч бойцов. Хотят заставить одобрить всю третью войну Сталина за навязывание социализма Европе. Одобрить 50 лет «сталинизма на штыках».

Между тем именно сейчас, в XXI веке, в свете бесславного конца сталинского социализма *особенно очевидна преступность сталинского варианта окончания войны 1941—45 годов*. И перед народами СССР. И перед народами Восточной Европы. И прежде всего *перед русским народом*.

Если когда-то наконец начнутся действительно объективные исследования того, что потеряла наша страна из-за того, что Сталину удалось превратить Отечественную войну в войну за экспансию своего социализма, то, как минимум, к уже сказанному надо добавить:

— что сотни тысяч наших солдат и офицеров находились в оккупационных войсках. И страна потеряла миллионы человеко-лет труда;

— что СССР оказался вне «плана Маршала»;

— что на истощенный войной СССР легли расходы на подготовку к третьей мировой войне и особенно грандиозные затраты на создание ядерной и ракетной мощи, на «холодные» и «горячие» войны.

**Но самым главным итогом сталинского завершения войны стало сохранение на полвека не соответствующего современному этапу развития производительных сил и цивилизации в целом строя государственного бюрократического социализма.**

Послевоенный голод в СССР, борьба с космополитизмом, с генетикой и кибернетикой, с врачами-вредителями, расстрел рабочих Новочеркасска, строительство коммунизма «при жизни нынешнего поколения советских людей», десятилетия позорных закупок продовольствия у «умирающего» капитализма для спасения от голода «прогрессивного» социализма, научно-техническое воровство, отравленные ядерными и химическими отходами миллионы гектаров земли, афганская война, Чернобыль и еще многое, многое другое **было посеяно именно тем, что вместо реформ социализма в СССР Сталин в 1944 году получил возможность продолжать мировую революцию по утверждению этого социализма во всем мире.**

И по этому поводу мы должны устраивать парад?

В 1812 году победу русского народа в Отечественной войне цари Александр I и Николай I использовали для продления в России жизни феодализма, уже обреченного историей. Это бросило Россию в ряды отстающих в развитии стран Европы.

В 1944 году Сталин использовал победу русского народа в Отечественной войне для навязывания стране тоже почти на полвека, тоже уже обреченного историей бюрократического социализма.

Ленин в 1917 году обманул русское крестьянство, использовав его борьбу за землю и волю для установления советской власти в России.

Сталин в **1944** году обманул уже весь русский народ, использовав его беззаветную войну за спасение себя как нации для сохранения социализма в СССР и навязывания социализма другим странам и народам.

Об этом нельзя не сказать на юбилее Победы.

### 9. 7. УПУЩЕННЫЙ ШАНС ЧЕЛОВЕЧЕСТВА

Но сталинский вариант окончания Отечественной войны означал и то, что человечеством **был упущен шанс форсировать переход к постиндустриальному строю**.

Это становится ясным при анализе планов Рузвельта на послевоенное устройство мира.

Рузвельт, провозгласив и реализовав «Новый курс» в конце 30-х годов, выдвинул демократическую альтернативу как старому капитализму, погрузившемуся в пучину мирового кризиса, так и обещавшим золотые горы обоим вариантам социализма: социализму Сталина и национал-социализму Гитлера.

Обратимся к книге сына Рузвельта Эллиота, летчика американской армии, «Его глазами».

Рузвельт условием будущего считал полный разгром национал-социализма. Это именно Рузвельту принадлежит выражение о «безоговорочной капитуляции». Это его решительности обязана Германия полным искоренением фашизма, что стало одним из главных факторов немецкого «экономического чуда» (а мы не проведя декоммунизацию, до сих пор барахтаемся с камнями прошлого на шее).

Естественно, что Рузвельт не хотел советского социализма. Но Рузвельт был против и планов Черчилля сохранить капитализм.

Рузвельт прямо говорит о неприемлемости для XX века колониальных империй — и Англии, и Франции. «Почему Марокко, населенное марокканцами, должно принадлежать Франции? ...Я приложу все усилия, чтобы у Соединенных Штатов нельзя было вымолить согласие на какой бы то ни было план, поддерживающий империалистские стремления Франции и Британской империи».

Создается впечатление, что крах мировой колониальной системы, осуществившийся в 60-е годы, при Рузвельте произошел бы на десять-пятнадцать лет раньше.

Рузвельт возлагал особые надежды на будущую Организацию Объединенных Наций. «Великие державы должны будут ...нести просвещение всем отсталым угнетенным колониям в мире, поднять их жизненный уровень, улучшить санитарные условия их существования. Когда они достигнут зрелости, мы должны предоставить им возможность стать независимыми... Если мы этого не сделаем... предстоит еще одна война».

Рузвельт явно собирался трансформировать идеи своего «Нового Курса» ко всему миру.

Рузвельт постоянно идет на компромиссы со Сталиным. И это не случайно. Ведь он знает, что новый мир можно построить только при сотрудничестве всех сил и при сохранении всего позитивного, что принес социализм.

Рузвельт говорил: «Единство, которого мы добились для ведения войны, ничто по сравнению с тем единством, которое нам нужно для мира».

**Об упущенном шансе человечества ускорить переход к постиндустриализму, о зловещей, а во многом и решающей роли в этом наряду с другими факторами именно Сталина нельзя не помнить. Об этом нельзя не сказать на юбилее Победы.**

# 10. ТАК ЧТО ЖЕ НАМ ПРАЗДНОВАТЬ?

## 10. 1. ОТ ЧЕГО ОТКАЗАТЬСЯ?

> Отречемся от старого мира,
> Отряхнем его прах с наших ног...

Юбилей Победы дает нам и повод, и возможность осуществить давно назревший и давно необходимый России шаг — *выйти из сталинизма в оценке войны 1941— 1945 годов*.

По существу это будет последний среди главных шагов по преодолению сталинизма.

Помню актив в Московском университете, на котором мы единодушно одобрили вынос гроба Сталина из мавзолея. Тогда Хрущев, все более запутываясь в своем курсе на коммунизм, решил отвлечь внимание народа новым этапом борьбы с культом личности. И тут же к старой большевичке Лазуткиной ночью явился Ленин, заявив, что больше не может лежать рядом со Сталиным, — о чем она поведала съезду КПСС.

Со мной рядом на активе сидел один из наших профессоров, член партии с дореволюционным стажем. И он сказал мне: «Они думают, что сталинизм — это Сталин. Вынос тела из мавзолея для них — решение проблем. А на деле они пудрят нам мозги, уходят от подлинного преодоления сталинизма. Это ведь задача десятилетий. Самый страшный Сталин — не в мавзолее, а в каждом из нас. И скорее всего, только вам, молодым, удастся преодолеть сталинизм». К сожалению, мой старший коллега ошибся.

Почти что преодолены сталинские догмы относительно Большого террора 37-го года.

Почти что преодолены сталинские оценки «народов-предателей», а репрессированные народы в основном реабилитированы.

Преодолены установки ЦК ВКП(б) по борьбе с космополитами, генетиками, с кибернетиками.

Историки постепенно преодолевают сталинские оценки гражданской войны и коллективизации.

Но есть самая главная, самая генеральная, самая все определяющая задача: *преодолеть сталинизм в оценке Отечественной войны в целом.*

> Давно отцами стали дети,
> Но за всеобщего отца
> Мы оказались все в ответе,
> И длится суд десятилетий,
> И не видать ему конца.
>
> А. Твардовский

Суть сталинской концепции Отечественной войны остается. Она довлеет над нами. Ее все еще принимают — судя по поступающим сведениям о планах празднования Юбилея Победы — новые лидеры в Кремле.

И опять можно привести слова одного из самых глубоких аналитиков советской эпохи Александра Твардовского:

> Перед лицом ушедших былей
> Не вправе мы кривить душой,
> Ведь эти были оплатили
> Мы платой самою большой...

Сталинскую концепцию можно и, более того, нужно отвергнуть именно во время торжеств по случаю Юбилея.

О сути этой концепции я уже писал в предыдущих заметках.

*Первое.* Это попытки скрыть или хотя бы преуменьшить *сам факт поражения* Сталина, его государства, его армии, его органов безопасности в первые десять дней после начала войны, поражения того социализма, который после окончания гражданской войны бросил все силы страны на подготовку к новой войне.

*Второе.* Это попытки скрыть тот факт, что Сталин обманул русский народ, превратив Отечественную войну русского народа в войну за утверждение сталинского социализма в странах Восточной Европы. Скрыть, что 1,5 миллиона бойцов и командиров стали платой за этот сталинский план и его реализацию.

*Третье.* Это попытки скрыть, что заключительный этап Отечественной войны Сталин сделал первым этапом уже новой, холодной войны, началом подготовки к третьей мировой войне.

### 10. 2. ЧТО НАДО УТВЕРДИТЬ?

Юбилей Победы и дает возможность *для утверждения нового народного демократического подхода к оценке войны 1941—1945 годов.* В чем он состоит?

*Во-первых,* надо определить сроки начала Отечественной войны. Показать масштаб народной войны. Перечислить главные победы — под Ленинградом, под Москвой, в Сталинграде.

Выявить причины, по которым война социалистов Сталина и Гитлера стала войной русского народа за сохранение своей нации.

Показать, что Отечественная война русского народа подняла на борьбу с гитлеровскими захватчиками другие народы нашей страны.

Выявить настоящие сроки окончания Отечественной войны.

*Второе.* Показать, как и почему Сталин оказался во главе Отечественной войны. Как он выполнил эту свою миссию — и в позитивном, и в негативном плане.

> Он до конца являл черты
> Своей крутой, своей жестокой
> Неправоты
> И правоты.

*Третье.* Показать, что навязанный Сталиным «социалистический» вариант окончания Отечественной войны стал *упущенным шансом* России перейти еще в середине XX века от государственно-бюрократического социализма к новому, постиндустриальному обществу.

В результате такой новой оценки Отечественной войны наша нынешняя Россия получит идейную базу для того, чтобы принести в дни Юбилея давно назревшие *извинения народам Восточной Европы* за навязанный им социализм, за отвлечение их с самого эффективного пути развития в XX веке.

Новая оценка Отечественной войны позволит руководителям новой России принести извинения и *народам республик бывшего СССР* за сохранение у них социализма, за втягивание их в холодную войну.

И самое главное — новая оценка Отечественной войны позволит высказать русскому народу и бесконечную *благодарность* за его Победу в Отечественной войне и *соболезнования* за все те потери и утраты, которые он понес, позволив Сталину использовать победу над фашизмом для сохранения на десятилетия строя, не соответствующего мировой цивилизации и приведшего русскую нацию к рубежу, за которым начинается опасность для ее судеб не менее страшная, чем та, которая ей угрожала в 1941 году.

> Спроста иные затвердили,
> Что будто нам про черный день
> Не ко двору все эти были,
> На нас бросающие тень.

И наши руководители должны подчеркнуть, что подлинными наследниками и продолжателями великой победы русского народа за сохранение русской нации могут быть не те, кто кичится прошлыми заслугами и хочет копировать сталинские методы и опыт, а только те, кто сегодня, не жалея сил, ищет правильные пути к подъему русской нации — на путях свободы и демократии, на путях развития экономики, науки, образования, на путях развития и укрепления в русском народе его лучших национальных качеств.

В укреплении решимости русского народа идти по этому пути — главный смысл и главная цель празднований Юбилея Победы.

### 10. 3. ЗАЧЕМ НУЖНА ПРАВДА

В оценках войны 1941—1945 годов есть три главные течения.

Первое предлагает сохранить сталинские догмы о войне.

Второе считает, что надо не заниматься разбором сталинской концепции войны, а извлекать из прошлого то, что полезно и выгодно для правящей в России сегодня номенклатуры.

И, наконец, третье соглашается и с необходимостью пересмотра догм — но считает, что время для таких пересмотров еще не наступило.

В отношении первого подхода самое лучшее оружие — правда.

> Но все, что было, не забыто
> Не шито-крыто на миру.
> Одна неправда нам в убыток,
> И только правда ко двору!

Я хорошо вижу всех тех, кто не хочет правдивого анализа прошлого: и старые кадры, и армейских начальников.

И нечего прятаться — есть и рядовые ветераны, не желающие признать то, что уже давно сами чувствовали, — например смысл наших действий в странах Европы. Им обидно. Но им все же простительно.

Но прежде всего — это правящая нами нынешняя номенклатура.

Не проведя цельного пересмотра прошлого, мы, конечно же, не создадим в новой России *иммунитета против вранья*.

Не проведя честной оценки, мы останемся беззащитными перед *хвастовством и самолюбованием*.

*Мифы* прошлого выгодно сохранять тем, кто хочет и сегодня создавать новые мифы.

Современная бюрократия не хочет признать, что когда-то в прошлом Сталин и бюрократия оказались не в состоянии выиграть войну и только выход на арену народа спас Россию. Такой пример из прошлого не вдохновляет — тем более что что-то похожее повторилось в 1989—1991 годах. Еще у Грибоедова этот мотив солидарности бюрократов был хорошо отмечен:

> ...Ох! басни — смерть моя!
> Насмешки вечные над львами! над орлами!

> Как что ни говори:
> Хотя животные, а все-таки цари!

Нет ничего милее для российского номенклатурного языка, чем метод *«мы за ценой не постоим»* — эту песню он готов слушать хоть ежедневно. Ну, а поэт, сочинивший ее, и певец, который исполняет, — они ведь знают, что это — правда.

Так постепенно выступают на первый план наиболее важные, вполне земные интересы тех правящих слоев России, которые не справляются с задачами руководства и ищут выход в повторении прошлых догм, в мифотворчестве, неправде и т. д.

> Кто прячет прошлое ревниво,
> Тот вряд ли с будущим в ладу.

Второе направление опасно своим приспособленчеством.

Подход «чего изволите?» мешает извлечению настоящих уроков из Отечественной войны.

В дискуссии вокруг статьи в «Независимой газеты» — «Не «в бой», а «на убой» — было немало очень верных оценок. Вот одна из них. «Учить надо до войны и тому, что нужно на войне. Для этого нужна очень простая вещь — внимательное и заботящееся о своем народе и стране правительство. Вещь в нашей стране небывалая. Куда ни посмотри в нашей истории — мы всегда учились на собственной битой морде, теряли в сотни раз больше людей, техники и ресурсов, как правило, ничего разумного не приобретая. Этим надо гордится? Это надо развенчивать, а то людей-то в очередной раз не хватит».

Именно с этим подходом — вспоминать только то, что выгодно номенклатуре сейчас, — мы и сталкиваемся в подготовке к юбилею.

И, наконец, есть третья точка зрения. Нужен пересмотр. Но сейчас не время. Потерь будет больше, чем выгод.

Неужели можно считать, что будущую новую Россию можно строить не на фундаменте правды?

Но ведь если строить не на таком фундаменте, то каким будет это новое здание и сколько оно простоит?

Все наши союзники по антигитлеровской коалиции давно уже отмечают победу во Второй мировой войне по-новому.

И нам необходимо впервые за шестьдесят лет отпраздновать в новой России по-новому юбилей Победы. Как?

### 10. 4. МЕМОРИАЛ НАРОДНОЙ ПОБЕДЫ

Конечно, нужны чествования ветеранов войны, инвалидов, тружеников тыла — всех, кому посчастливилось дожить до 60-летия Победы.

Несмотря на критику монетаризации — во многом справедливую — в данном случае лучше всего всем им вместе с юбилейным орденом выделить и значительную *денежную* сумму.

Надо перестать навязывать им то, что бюрократия считает для них подходящим. И не доходить до позорной «заботы» времен Брежнева, когда ветеранам разрешали подходить к прилавкам вне очереди. Эту «льготу» брежневские аппаратчики установили охотно: не из их кармана, а за счет других граждан — тех, кто стоит в очереди. В основном эта «льгота» была скорее местью коммунистической номенклатуры ветеранам, так как обычно в очереди возникало чувство недовольства ветеранами.

Если каждый ветеран войны и труда получит достойную сумму денег, то он получит возможность израсходовать ее так, как ему сейчас нужнее всего: лекарство или телевизор, путевка или просто «запас» на сберкнижке. В этом варианте будет проявлено доверие и уважение к ветеранам: они сами найдут лучшее для себя применение денег.

Так что бюрократию от «осчастливливания» ветеранов и зарабатывания себе «очков» к выборам от празднования надо отстранить. А образовать *Общественный Комитет по празднованию Юбилея Победы*. Нынешней бюрократии нечего примазываться к тому, в чем она не участвовала. На юбилее — она такой же гость, как и все, а вовсе не принимающий поздравления.

И сам праздник надо бы отмечать не очередным повторение ликований по сталинским образцам, где центр внимания — трибуна начальства, а *открытием Мемориала народной Победы.*

Вот я и вношу свои предложения по этому Мемориалу.

Прежде всего, главной его частью должна стать Зона Памяти. Памяти всех погибших на войне. Памяти всех участников войны. Памяти всех тружеников тыла. Памяти всех инвалидов.

Вторая часть Мемориала — память трех решающих битв Отечественной войны: Ленинградской, Московской, Сталинградской.

В комплекс Мемориала должны войти памятники, отражающие ее народный характер: партизанам Отечественной войны, народным ополченцам, женщинам России, вдовам России и сиротам России.

Логична серия памятников отдельным родам войск Красной Армии: пехотинцам, артиллеристам, танкистам, летчикам, морякам, военным врачам, связистам и еще всем тем, кого будет решено выделить.

Так как большинство наших разведчиков или игнорировались (как Зорге) или годами сидели в советских тюрьмах (как герои «Красной Капеллы» или группы Радо), то пора выделить в Мемориале памятник нашим Разведчикам.

Необходим в Мемориале и памятник Стойкости и Мужества — всем миллионам наших солдат и командиров, на долю которых выпала страшная участь плена. В США — к слову сказать — есть особая почетная медаль для попавших в плен.

Необходим и памятник Дружбе народов в Отечественной войне. Во многих странах поставлены памятники жертвам Холокоста И нам это надо бы сделать. Необходим и памятник репрессированным народам. Это наш долг перед ними.

Нужен и памятник тем, кто погиб в годы войны в лагерях ГУЛАГа, своим трудом внося вклад в общую победу.

Думаю, что давно нужен памятник союзникам СССР и лидерам наших союзников — Черчиллю и Рузвельту, с вполне заслуженной надписью — «Благодарная Россия». Далее — памятник погибшим героям конвоев, доставлявших помощь по ленд-лизу. Особый памятник — народам Европы, активно сражавшимся с Гитлером, прежде всего — Польши, Югославии, Греции.

На меня когда-то произвело большое впечатление, что Россия на Бородинском поле решила создать памятник и погибшим французам. Думаю, необходим в Мемориале памятник погибшим немецким солдатам и офицерам, с надписью: «Они пали, чтобы это никогда не повторялось».

Возможно нужен памятник и тем, кто решил бороться со Сталиным и его социализмом на стороне немцев, с надписью — «Оказавшимся в борьбе со сталинским социализмом вместе с врагами».

**Вот открытие такого Мемориала Народной Победы «Никто не забыт и ничто не забыто» — и могло бы стать центром празднования 60-летия Победы.**

**10. 5. ПАМЯТНИК СТАЛИНУ**

Ну а нужен ли в этом Мемориале памятник Сталину и — если нужен, — то какой?

Были нелепые попытки разделить руководство СССР на «плохого» Сталина и всех остальных «хороших».

Но команду Сталина не отделить от него, а его — от нее. Партийную — Молотов, Жданов, Каганович, Ворошилов, Хрущев, Маленков и другие. Военную — Жуков, Василевский, Конев, Рокоссовский и другие. Государственную — Вознесенский, Косыгин, Тевосян и другие. «Жандармскую» — Берия, Абакумов, Меркулов, Круглов, Серов и другие.

В оценке Сталина тоже необходима правда, только правда, вся правда.

Сталин, возглавив Отечественную войну русского и других народов СССР против захватчиков, руководил этой войной. Поэтому наша Победа — это не просто победа «при Сталине». Это Победа под личным руководством Сталина. Такова правда истории.

Но есть и другая правда. Даже три правды.

*Первая* — правда о поражении в июне 1941 года Сталина и его социализма в готовившейся им двадцать лет войне.

*Вторая* — о стиле и методах сталинского руководства Отечественной войной.

*Третья* — о том, как он превратил народную Отечественную войну в войну ради экспансии своего социализма.

Ясно, что главная и вечная заслуга Сталина — победа в Отечественной войне. Но как Сталин и его команда руководили?

Да так, как до войны они руководили страной. Иначе не умели и не могли. Интересуясь только результатами, не считаясь с «затратами», — «мы за ценой не постоим».

Если большевистские лидеры не могли эффективно руководить заводами и колхозами, то они не могли «переродиться» и в годы войны.

Вот как сталинский стиль руководства охарактеризовал в «Независимой газете» очень думающий читатель, подписавшийся «Роман»: «Очень типично для нашей военной системы: косность мышления, гипертрофированная вертикаль по команде, плохая обученность личного состава, бездарная связь и никуда не годное взаимодействие, отсутствие инициативы в младшем и среднем командном звене, круговая порука и «сливание ответственности друг на друга» у генералов. Это не умаляет мужества и самопожертвования простых солдат, офицеров, но и не оправдывает их напрасной гибели».

Но главная вина Сталина перед народом — это втягивание страны в войну за советизацию стран Восточной Европы и советской зоны Германии.

В свете всего сказанного, можно сделать вывод о том, как отметить вклад Сталина и его команды в Мемориале Народной Победы.

*Первое*. Памятник Сталину в Мемориале надо сделать в стиле, который нашел Э. Неизвестный для памятника Хрущеву. Памятник он сделал из мрамора двух цветов — белого и черного.

Но, в отличие от Хрущева, в двухцветном памятнике Сталину необходима и особая надпись — о том, что отмечаются только его заслуги в Отечественной войне — «За руководство Отечественной войной русского и других народов СССР 1941—1944 годов».

*Второе*. Нужен памятник и всей сталинской команде.

*Третье*. Было бы нормально к названиям городов Петербург и Волгоград официально добавить через дефис их вторые имена — Ленинград и Сталинград. Это давняя русская традиция — дополнять фамилию в знак особых заслуг: Потемкин-Таврический, Румянцев-Задунайский и т. д.

## 10. 6. «...НИ ЗА ЧТО НА СВЕТЕ Я НЕ ХОТЕЛ БЫ ИМЕТЬ ДРУГУЮ ИСТОРИЮ, КРОМЕ ИСТОРИИ НАШИХ ПРЕДКОВ...»

Мне трудно было переосмысливать войну 1941—45 годов и по сугубо личным причинам.

Брат отца — дядя Коля, офицер флота, погиб вместе с крейсером «Трувор». Крейсер, переходя из Таллина в Кронштадт, подорвался на наших же минах, которыми кто-то из перепуганного командования пытался «перекрыть» возможный прорыв немецких кораблей к Ленинграду.

Тетя, как и жены других офицеров, день за днем выходила к пристани, пока на каком-то корабле не привезли подобранных в море и потому оставшихся в живых всего 8 человек из сотен членов команды «Трувора». Один из них сказал: «Видел Попова, он плыл». Дядя Коля был прекрасным пловцом — он участвовал в многокилометровых заплывах во время соревнований Красного Флота. Но ледяные воды Балтики — не Черное море.

Другой брат отца — дядя Петя ушел за линию фронта с группой разведчиков. В похоронке было написано: погиб, похоронен там-то. Мама, выйдя на пенсию, стала писать в эту деревушку. Ответили из сельсовета: Попов в списке на могиле не значится. Новые письма... Дали новый адрес. Но и оттуда: на могиле не значится. Мама попросила меня помочь. В конце концов она своего добилась: имя дяди Пети дописали на одной братской могиле. Но мне один полковник сказал: да ведь даже раненых, а тем более погибших разведчиков из-за линии фронта вынести невозможно. Их и там-то похоронить не всегда удавалось. Но в нарушение всех инструкций командиры писали, что похоронен там-то. Чтобы не числились «без вести пропавшими» и чтобы семья могла получать пособие. Благодаря безвестному командиру дяди Пети, человеку высокой гражданской ответственности, дядю Петю внесли в список похороненных, и бабушка получала за него пенсию. А мне от дяди Пети остался «Философский словарь» — весь в подчеркиваниях. Дядя собирался стать философом, изучал Гегеля и Канта. Но его немецкий пригодился только для направления в разведку...

*Ради памяти этих погибших моих дядей и миллионов других погибших я написал эти заметки.*

Третий брат отца — офицер флота дядя Ваня и два брата мамы — офицер артиллерии дядя Миша и рядовой пехотинец дядя Коля — вернулись с войны ранеными, но живыми и в наградах.

Участниками войны был и директор школы, где я учился, Ф. И. Коротков. Участником войны был и мой первый научный руководитель в МГУ профессор И. А. Ламыкин. И декан моего экфака профессор М. В. Солодков. И многие другие коллеги по МГУ.

А в дачном поселке Внуково, рядом с моей дачей, на той же улице — дачи А. Твардовского и М. Исаковского. В правление нашего кооператива меня не раз избирали вместе с А. Сурковым (автором «Землянки») и П. Пономаренко (начальником штаба партизан Белоруссии).

От этих и других участников войны я услышал много того, чего не было ни в докладах, ни в учебниках истории. Это от Пантелеймона Кондратьевича Пономаренко, кандидата в члены сталинского Политбюро, я впервые услышал о двух этапах в начале войны. Первом, когда белорусские крестьяне ждали упразднения сталинских колхозов и возврата земли. И втором — когда по всей республике вспыхнул пожар народной партизанской войны. Как заметил Пантелеймон Кондратьевич, «не за советскую власть поднялся народ, а за то, что немцы захотели сохранить главную часть советской власти — колхозы. Ну и, конечно, из-за евреев. Это в Польше поляки сами сдавали своих евреев немцам. Отсюда и миллионы сожженных. А у нас в Белоруссии евреев старались спасти. Каждый десятый партизан Белоруссии был еврей».

*Памяти всех знакомых мне, и миллионам других участников войны — посвящены эти заметки.*

Мои родители — папа Харитон Гавриилович и мама Феодора Георгиевна — и отец моей жены Василий Иванович награждены медалью «За доблестный труд в Великую Отечественную войну».

Ну а для меня тыл — это прежде всего врачи. Я с безмерной благодарностью вспоминаю врачей, буквально «вытягивавших» меня в диспансерах из моего приобретенного в Сибири туберкулеза.

*Миллионам тружеников тыла я тоже посвящаю свои заметки.*

Война вошла во всю мою жизнь.

И в самые трудные моменты революции 1989—1991 годов я держался твердо, во многом благодаря памяти о войне и моем долге перед этой памятью.

И мне остается повторить строки моего соседа по дачному поселку, поэта и великого гражданина Александра Трифоновича Твардовского:

      Нет, все былые недомолвки
      Домолвить ныне долг велит.

      . . . . . . . . . . . . . . . . . . . . . . .

А я — не те уже годочки —
Не вправе я себе отсрочки
Предоставлять.

. . . . . . . . . . . . . . . . . . .

Зато и впредь, как были, — будем, —
Какая вдруг ни грянь гроза —
Людьми
    из тех людей,
        что людям,
Не пряча глаз,
Глядят в глаза.

\* \* \*

Я давно обратил внимание на исключительно мудрый отбор, который производит историческая память народа.

От нескольких веков борьбы за освобождение от Золотой Орды — в памяти только Куликовская битва.

От почти двухдесятилетней войны Петра I за «окно в Европу» — Полтава.

От Отечественной войны 1812 года — вовсе не «штурм» Парижа, а Бородинская битва и пожар Москвы.

**Пора и нам, восстанавливая эту великую национальную традицию выделять именно победы народа — отмечать в связи с Отечественной войной 1941—1944 годов блокаду Ленинграда, оборону Москвы, победу в Сталинградской битве.**

# ОБ АВТОРЕ

ГАВРИИЛ ХАРИТОНОВИЧ ПОПОВ родился в 1936 г. в Москве, где тогда учились его родители.

Предки, греки, в 1787 г. переехали в район города Мариуполя.

Отец — Попов Харитон Гавриилович (1910—1992). Грек, родился в с. Чермалык Донецкой области. Кандидат экономических наук, доцент.

Мать — Попова Феодора Георгиевна. Гречанка. Родилась в 1912 г. в с. Ялта Донецкой области. Кандидат биологических наук, доцент. Ныне пенсионерка.

Жена — Бизюкова Ирина Васильевна, 1939 г. рождения, русская, пенсионерка. Была профессором Всероссийского заочного финансово-экономического института, ряд лет — деканом этого института.

У Гавриила Харитоновича и Ирины Васильевны двое сыновей. Харитон (родился в 1968 г.) и Василий (родился в 1970 г.). Служили в Советской Армии, учились в МГУ, завершали учебу в университетах США. Харитон имеет степень бакалавра (право), а Василий — бакалавра и мастера (международный бизнес, международные финансы). В настоящее время оба работают в Москве.

В 1944 г. Г. Х. Попов поступил в начальную школу хутора Пухляковский на Дону.

В 1954 г. с золотой медалью окончил школу возле г. Новочеркасска.

С 1954 по 1959 гг. учился на экономическом факультете МГУ им. М. В. Ломоносова. Получал стипендии имени Сталина и имени Ленина. Был оставлен в аспирантуре на кафедре бухгалтерского учета и анализа хозяйственной деятельности.

В 1963 г. защитил на этой кафедре диссертацию на степень кандидата экономических наук по теме «Применение информационных машин в экономике».

С 1963 г. по 1988 г. работал на экономическом факультете МГУ — ассистентом, доцентом, зав. лабораторией, зав. кафедрой, деканом факультета, затем — снова зав. кафедрой.

На экономическом факультете МГУ работали во время деканства Г. Х. Попова такие известные ученые, как Т. С. Хачатуров, Н. А. Цаголов, А. А. Анишкин, С. С. Шаталин, Н. И. Петраков, Е. Г. Ясин, А. М. Емельянов. В это время окончили факультет П. Авен, Е. Берштам, С. Дубинин, Е. Гайдар, С. Глазьев, А. Костин и другие деятели российских реформ.

В 1970 г. Попов защитил докторскую диссертацию на тему «Методологические проблемы теории управления общественным производством».

В 1971 г. получил звание профессора. В том же году возглавил созданную в МГУ кафедру по организации и методам управления производством (одну из первых в стране).

Под руководством Попова были разработаны и начали преподаваться курсы по управлению производством, написаны учебники и учебные пособия.

В 1971—1973 гг. Попов одновременно с МГУ работал в Институте научной информации по общественным наукам Академии Наук СССР. Его заместителем был Р. И. Хасбулатов, впоследствии председатель парламента России.

В 1988 г. Попов избран главным редактором журнала «Вопросы экономики», который возглавлял до 1992 г. Этот научный журнал стал очень популярен — его тираж достиг 80 тысяч экземпляров. Заместителем главного редактора был С. Н. Красавченко, впоследствии тоже известный деятель российских реформ.

Под научным руководством Попова защищено около 50 кандидатских и четыре докторские диссертации.

Г. Х. Попов — автор более чем 300 работ, в том числе 10-ти собственных и 15 коллективных монографий. Среди книг Попова наиболее известны: «Применение электронных машин в экономике» (1963, 1965); «Техника личной работы» (1966, 1968, 1970); «Проблемы теории управления» (1970,1974); «Эффективное управление» (1976, 1985); «Пути перестройки» (1989); «Блеск и нищета административной системы» (1990); «Снова в оппозиции» (1994); «От... и до.... Россия: путь к социал-демократии» (1996), «Будет ли у России второе тысячелетие», «Демократическая альтернатива Ельцину» (в двух томах, 2001 г.) и др.

Книги Попова переиздавались в СССР, были переведены в Китае, Венгрии, Польше, Болгарии, Монголии, Вьетнаме, Кубе и других странах. Специально для зарубежного читателя были написаны книги «Что делать?» (совместно с Н. Аджубеем); издана во Франции, в Японии, в Корее, «Перестройка» (издана в Италии) и др.

В 1996 г. вышли избранные произведения Г. Х. Попова в восьми томах, а в 1997 г. — избранные произведения, опубликованные на иностранных языках в четырех томах.

Г. Х. Попов долгие годы старался улучшить социалистическую систему. В 1950—1959 гг. — член ВЛКСМ, с 1959 по 1990 гг. — член КПСС. В 1957, 1961—62 гг. был на освобожденной комсомольской работе — секретарем Комитета ВЛКСМ МГУ. Избирался членом парткома МГУ, кандидатом в члены Ленинского райкома КПСС г. Москвы.

Попов активно участвовал в попытках прогрессивного крыла КПСС модернизировать социалистическую экономику. Он участвовал в подготовке многих решений по линии ЦК КПСС и Совета Министров СССР по реформам в экономике (начиная с реформ А. Н. Косыгина), был (после прихода к власти М. С. Горбачева) членом правительственной Комиссии по совершенствованию управления. Попов разрабатывал проблемы места предприятия в социалистической экономике, вопросы его полного хозрасчета, проблемы объединений и министерств, экономических методов управления, кадров управления, организации работы руководителя и т. д.

Вся эта деятельность не давала устойчивых успешных результатов. И собственные теоретические исследования и практический опыт постепенно привели Попова к выводам о неэффективности советской государственно-бюрократической социалистической системы как таковой. Он определил ее как «Административная система», и этот термин стал общепризнанным.

Г. X. Попов выдвинул в книге «Эффективное управление» (1985) концепцию нового варианта социализма («развитой социализм»), в чем-то близкой к модели китайской компартии («социализм с китайской спецификой»).

Когда Г. X. Попов увидел неспособность руководства КПСС провести реформы, он перешел в оппозицию.

В 1989 г. — народный депутат СССР от Союза научных и инженерных обществ. В этом же году стал вместе с А. Д. Сахаровым, Б. Н. Ельциным, Ю. Н. Афанасьевым и В. В. Пальмом сопредседателем Межрегиональной депутатской группы — первой официальной оппозиции КПСС.

Вместе с Б. Н. Ельциным в 1990 г. Попов вышел из КПСС.

В 1990 г. избран депутатом Моссовета, затем Председателем Моссовета. В 1991 г. голосами более чем 3 млн. москвичей стал на свободных альтернативных выборах первым мэром Москвы (вице-мэром вместе с ним был избран Ю. М. Лужков, сменивший Г. Х. Попова на посту мэра).

В Москве Попов реализовал московский вариант радикальных реформ — бесплатная приватизация жилья, торговли, общественного питания, сферы обслуживания. Была реорганизована система городского управления, созданная ранее для удобства руководства КПСС городом. Одновременно осуществлялся комплекс мер по поддержке бедных слоев москвичей (введение бесплатного проезда для миллионов пенсионеров в городском транспорте, доплаты на детей и т. д.). Москва в дни путча решительно поддержала Б. Н. Ельцина.

После августа 1991 г. из-за разногласий с российским руководством по вопросам политики после падения режима КПСС, уже осенью 1991 г. Попов подал в отставку, а в 1992 г. ушел с поста мэра. Разногласия касались следующих вопросов.

Первый — отношение к СССР. Г. Х. Попов выступал за ликвидацию советской империи, но считал, что основную часть СССР можно сохранить как единое межгосударственное объединение. Российское руководство считало, что России выгоднее выделиться из СССР.

Второй — отношение к Верховному и другим Советам. Попов считал, что советская власть непригодна для проведения реформ. Нужна новая Конституция, Учредительное собрание, выборы. Российское руководство попыталось вести реформы со старым механизмом власти.

Третий — экономическая политика. Российское руководство в надежде на помощь Запада приняло модель Международного валютного фонда (шоковая терапия). А Попов считал, что эта модель создана для развивающихся стран и в России не сработает.

В период номенклатурно-олигархических реформ (1992—1999 гг.) Г. X. Попов продолжал выступать за демократический вариант реформ. Разногласия были такие.

Первое — о приватизации. Российское руководство считало возможным прежде всего приватизировать то, что принесет доход бюрократии и олигархии. Попов считает, что приватизировать надо только то, что может эффективно развиваться в частном секторе и в случае, когда после приватизации появится настоящая конкуренция.

Второе — о жилищно-коммунальной реформе. Российское руководство пытается переложить на граждан все расходы по реформе ЖКХ, а Попов считает, что реформа должна вестись вместе с повышением зарплат (введение жилищной надбавки), ликвидацией монополизма и переходом к рыночным отношениям и рыночной конкуренции в сфере ЖКХ.

Третье — о главных направлениях реформ. Российское руководство прежде всего интересуется добывающими природные ресурсы отраслями и получаемой от них рентой. Попов главным направлением считает развитие малого бизнеса и отраслей, пригодных для частного хозяйствования и созревших для конкуренции.

После перехода правящей номенклатуры в 2000 г. к курсу на управляемую демократию, Попов выступает против и этого варианта реформ. Основные разногласия следующие.

Первое. Российское руководство укрепление государства связывает с ограничением демократии и созданием административно-бюрократической вертикали. Попов считает правильным замену нынешнего, неэффективного варианта популистской демократии другим вариантом, но именно демократии.

Второе. Российское руководство путь укрепления экономики видит в замене монополизма олигархов монополизмом государства. Попов считает опасным разрастание бюрократической собственности и считает необходимым заменить олигархов и их монополизм конкурирующим друг с другом частным бизнесом.

Третье — о земельной реформе. Российское руководство приняло вариант с отстранением от приватизации земли большинства граждан России. Попов считает, что все граждане имеют право на свою долю в общем земельном фонде.

Г. Х. Попов выдвинул альтернативную номенклатуре и олигархии концепцию российской модели постиндустриального общества и российского варианта перехода к нему. В этой концепции учтены как национальные традиции России, так и то наследство, которое Россия получила от государственного социализма. Вопреки модели, предлагающей сначала полностью разрушить социализм, а затем строить на обломках новое общество, Попов предлагал ограничиться разрушением только самого неприемлемого и поэтапное преобразование ряда социалистических форм (например, бесплатного образования и т. д.) в структуры, соответствующие современному постиндустриальному обществу.

В январе 1992 г. Г. Х. Попов был избран председателем Российского движения демократических реформ.

В 1995 г. — председателем объединения Социал-демократы. В настоящее время — член Политсовета Социал-демократической партии России.

С 1991 г. Г. X. Попов — президент Международного университета в Москве, а также президент Вольного экономического общества России и президент Международного Союза экономистов.

Г. X. Попов — академик Российской Академии естественных наук (с 1991 г.). Ему присвоено звание «Почетный выпускник Московского государственного университета имени М. В. Ломоносова (1998 г.).

Г. X. Попов — лауреат Ломоносовской премии 1986 г., денежную часть которой еще в советские годы передал на восстановление монастыря на острове Соловки, известном в ленинское и сталинское времена как лагерь для политических заключенных.

Г. X. Попов долгие годы был членом правления общества СССР—Греция. А затем активно содействовал созданию объединения греков, живущих в СССР, и возглавил это объединение. После распада СССР объединение было реорганизовано в федерацию греческих общин ПОНТОС.

Г. X. Попов — почетный гражданин Токио и Сеула, а также штата Мэриленд (США), почетный доктор университета Южная Юта (США) и Даулинг Колледж (Нью-Йорк).

# BIOGRAPHICAL REFERENCE

GAVRIIL POPOV was born on October 31, 1936, in Moscow, where his parents were studying at that time. His father, Khariton, was an economist, and his mother, Feodora, was a biologist. The family are Greek descendants from the Crimean Region.

Gavriil Popov was a bright and inquisitive young man, and he began his primary education with high hopes. By the time he graduated high school in 1954, he was the recipient of a gold medal, awarded to the brightest student.

Following in his father's footsteps, and with the financial help from a prestigious scholarship, he studied economics at the prestigious Moscow State University. While attending the University, he joined the Economics Faculty, and subsequently, in 1959, he was accepted for post-graduate studies in the Department of Accounting and Analysis of Economic Activities. In 1963, armed with a Ph.D., he did his he dissertation on economics titled: «Applications of Electronic Machines in Economics.»

Meanwhile, he continued to serve in the faculty that included many of the top economists. Advancing through the ranks, he became the department chairman and dean. During his tenure as dean, a new generation of students emerged who were reform-oriented economists like E. Gaidar, P. Aven and S. Dubinin. Gaidar, eventually became the prime minister, and Dubinin, served as finance minister. In fact, many of the students became high ranking government officials.

In the spring of 1965, Mr. Popov married Irina Bizioukova, who later became a professor of Economics. They had two sons, Khariton and Vasily. Both sons served in the Soviet Army, studied in the Moscow State University and completed their studies in the United States with honors.

In 1988, Mr. Popov became the editor-in-chief of the Economic Journal, *Voprosy Ekonomiki*. In 1989, he was drawn into politics, working with people like, B. Yeltsin, A. Sakharov, Yu. Afanasyev and V. Palm, as Co-Chairman of the USSR People's Deputy Group. In 1990, he assumed the position as its Chairman.

In 1991 he ran and was elected as the Mayor of the city of Moscow, with Yuri Luzhkov as his deputy.

Presently, he keeps busy in a multitude of organizations that are listed below:

President, International University in Moscow (since 1991)

President, Russian Free Economic Society, Moscow (since 1991)

President, International Union of Economists (since 1991)

Chairman, Russian Democratic Reforms Movement (since 1991)

A member of the Political Council of the Social-Democratic Party of Russia (since 2001)

President, «Pontos» Federation of Greek Communities (since 1992)

President, Russian Division of World League for Freedom and Democracy (since 1991)

His academic degrees and titles are equally vast, as can be seen here:

Candidate of Science in Economics (1963)

Associate Professor (1967)

Doctor of Science in Economics (1970)

Professor (1971)

Academician, member of Russian Academy of Natural Science (1991)

Honorary Doctor, Southern Utah University, USA (1991), Dowling College, NY USA (1997)

Honorary Citizen of Tokyo, Japan), Seoul, Korea), and the State of Maryland in the United States.

The multi-faceted Mr. Popov has managed to have quite a few of his books published. This list gives an insight into this extraordinary man:

Books: «Electronic Machines and Economic Management» (1963), «Problems of Management Theory» (1970), «Effective Management» (1976), «Paths of Perestroika» (1989), «Glory and Poverty of Administrative System» (1990), «Newly in Opposition» (1994), «Russia: Path to Social Democracy» (1996), «Will Russia Have Its Second Millennium» (1998), «The Democratic Alternative to Yeltsin» (2001) and others.

Selected works in eight volumes (1996)

Selected translated works in four volumes (1997)

**КНИГИ ИЗДАТЕЛЬСТВА «ЛИБЕРТИ»**
**LIBERTY PUBLISHING HOUSE**
**(212) 213-2126**
www.Liberty-Publishing.com

Пересылка в США включена в стоимость книги.
Заказы с предоплатой посылать по адресу:
**LIBERTY PUBLISHING HOUSE**
475 Fifth Avenue, Suite 511
New York, NY 10017-7274

## РУССКАЯ, СОВЕТСКАЯ И МИРОВАЯ ИСТОРИЯ

| | |
|---|---|
| Аркадий Ваксберг. СТАЛИН ПРОТИВ ЕВРЕЕВ | 420 с. $14 |
| Збигнев Бжезинский. БОЛЬШОЙ ПРОВАЛ | 253 с. $16 |
| Александр Янов. РУССКАЯ ИДЕЯ | 340 с. $17 |
| Александр Зиновьев. ГОРБАЧЕВИЗМ | 165 с. $13 |
| Джоель Кармайкл. ЗАГАДКА СМЕРТИ ИИСУСА | 253 с. $14 |
| Борис Хазанов. МИФ РОССИЯ | 180 с. $15 |
| Эдвард Радзинский. НИКОЛАЙ II. | 570 с. $15 |
| Заур Гасанов. ЦАРСКИЕ СКИФЫ | 486 с. $25 |
| Сергей Шахмаев. КАБАК НА РУСИ | 160 с. $14 |
| Александр Литвиненко, Юрий Фельштинский ФСБ взрывает РОССИЮ | 272 с. $15 |
| Рэй Клайн. ЦЕНТРАЛЬНОЕ РАЗВЕДЫВАТЕЛЬНОЕ УПРАВЛЕНИЕ | 300 с. $17 |
| Леопольд Трэппер. БОЛЬШАЯ ИГРА | 431 с. $19 |
| Джордж Буш Старший. ТОЛЬКО ВПЕРЕД | 284 с. $15 |
| Джон Салливан. ЛЮБОВНИЦЫ АМЕРИКАНСКИХ ПРЕЗИДЕНТОВ | 288 с. $15 |

## ПОЛИТИЧЕСКИЙ ЮМОР И САТИРА

| | |
|---|---|
| Аркадий Арканов. ОТ ИЛЬИЧА ДО ЛАМПОЧКИ | 128 с. $15 |
| Л. и А.Шаргородские. ПЕЧАЛЬНЫЙ ПЕРЕСМЕШНИК | 235 с. $14 |
| Лери. ОНЕГИН НАШИХ ДНЕЙ | 157 с. $13 |

## ХУДОЖЕСТВЕННАЯ ЛИТЕРАТУРА И ПОЭЗИЯ

| | |
|---|---|
| Евгений Евтушенко. НЕ УМИРАЙ ПРЕЖДЕ СМЕРТИ | 540 с. $15 |
| Юрий Дружников. АНГЕЛЫ НА КОНЧИКЕ ИГЛЫ | 540 с. $15 |
| Роман Солод. СОЛДАТ САТАНЫ | 240 с. $13 |
| Виссарион Сиснев. В ВЫСШЕМ ОБЩЕСТВЕ | 527 с. $20 |
| Евгений Евтушенко. ИЗБРАННОЕ. Поэзия | 642 с. $65 |
| Давид Маркиш. ПОЛЮШКО-ПОЛЕ | 240 с. $14 |
| Юлия Вознесенская. ЗВЕЗДА ЧЕРНОБЫЛЬ | 210 с. $15 |
| Генри Миллер. ТРОПИК РАКА | 320 с. $16 |
| Ростислав Дижур. СООБЩЕННОСТЬ. Сб. стихов | 318 с. $12 |
| Соня Бурлан. ПЕЧАЛИ ЗЛОЙ УКУС. Сб. стихов | 118 с. $10 |
| Григорий Хаймовский. БЕЛЫЙ БАФФАЛО | 140 с. распродана |
| Gregory Haimovsky. WHITE BUFFALO | 153 p. $13 |

## ВОСПОМИНАНИЯ

| | |
|---|---|
| Светлана Аллилуева. ДАЛЕКАЯ МУЗЫКА | 293 с. $16 |
| Светлана Аллилуева. КНИГА ДЛЯ ВНУЧЕК | 163 с. $14 |
| Виталий Коротич. ЗАЛ ОЖИДАНИЯ | 180 с. $14 |

| | | |
|---|---|---|
| Анатолий Карпов. СЕСТРА МОЯ КАИССА | 271 с. | $16 |
| Мария Столыпина (Бок). МОЙ ОТЕЦ СТОЛЫПИН | 240 с. | $14 |
| Елена Бонер. ДОЧКИ-МАТЕРИ | 336 с. | распродана |
| Андрей Сахаров. ГОРЬКИЙ—МОСКВА | 270 с. | $14 |
| Михаил Цирюльников. СЕКРЕТНЫЕ ЗАПИСКИ ГИНЕКОЛОГА | 172 с. | $13 |
| Сара Хургина. БУРИ И ХАМСИНЫ МОЕЙ ЖИЗНИ | 294 с. | $20 |
| Григорий Хаймовский. В ПОИСКАХ ОСТРОВА РАДОСТИ | 312 с. | распродана |

## ПУТЕВОДИТЕЛИ

| | | |
|---|---|---|
| ПУТЕВОДИТЕЛЬ ПО МАНХЭТТЕНУ | 240 с. | $13 |
| ПУТЕВОДИТЕЛЬ ПО ФИЛАДЕЛЬФИИ | 280 с. | $15 |

## СПРАВОЧНАЯ И НАУЧНАЯ ЛИТЕРАТУРА

Марк Бердичевский. ЛИК НЕИЗБЕЖНОСТИ. Смерть в различных религиях, философии, современной науке и паранаучных воззрениях   304 с. $15

Дж. Фриденберг, К.Бредли
КАК НАЙТИ РАБОТУ В АМЕРИКЕ
Текст на русском и английском языках   320 с. $14

АМЕРИКАНСКАЯ СЕМЕЙНАЯ МЕДИЦИНСКАЯ ЭНЦИКЛОПЕДИЯ   1008 с. $19.95

СОБРАНИЕ СТАРЫХ И РЕДКИХ РУССКИХ КНИГ (Каталог частной библиотеки; 460 с., 68 цв. иллюстраций; коллекционное пронумерованное издание — всего 200 экз.) По поводу цены звонить в изд-во.

## ПОЛИТИЧЕСКИЕ ДЕТЕКТИВЫ

| | |
|---|---|
| Том Кленси. ОХОТА ЗА «КРАСНЫМ ОКТЯБРЕМ» | 535 с. $20 |
| Том Кленси. ИГРЫ ПАТРИОТОВ | 435 с. $17 |
| Эдуард Тополь. РУССКАЯ СЕМЕРКА | 328 с. $16 |
| Дэннис Джонс. Операция «ЗИМНИЙ ДВОРЕЦ» | 356 с. $16 |
| Владимир Соловьев. ОПЕРАЦИЯ «МАВЗОЛЕЙ» | 185 с. $13 |
| Курт Воннегут. ПРАМАТЕРЬ НОЧЬ | 230 с. $14 |

## КНИГИ ПЕРЕБЕЖЧИКОВ

| | |
|---|---|
| Аркадий Шевченко. РАЗРЫВ С МОСКВОЙ | 528 с. $19 |
| Станислав Левченко. ПРОТИВ ТЕЧЕНИЯ. МОИ 10 ЛЕТ В КГБ | 260 с. $15 |
| Александра Коста. СТРАННИК С ОДИНОКОЙ ЗВЕЗДЫ | 310 с. $17 |

## ЗАНИМАТЕЛЬНОЕ ЛИТЕРАТУРОВЕДЕНИЕ

| | |
|---|---|
| Григорий Померанц. ОТКРЫТОСТЬ БЕЗДНЕ. ЭТЮДЫ О ДОСТОЕВСКОМ | 400 с. $18 |
| Давид Шраер-Петров. ДРУЗЬЯ И ТЕНИ | 283 с. $18 |
| Юрий Дружников. РУССКИЕ МИФЫ | 328 с. $15 |

## ИЗРАИЛЬСКАЯ РАЗВЕДКА

| | |
|---|---|
| Джордж Джонас. МЕСТЬ | 380 с. $19 |
| Стюарт Стивен. АСЫ ШПИОНАЖА | 452 с. $18 |
| Дэнис Айзенберг и др. ОПЕРАЦИЯ «УРАН» | 243 с. $14 |